BIBLIOTHÈQUE DES TECHNIQUES

LA PEINTURE SUR PORCELAINE

Si vous souhaitez recevoir notre catalogue
et être tenu au courant de nos publications,
envoyez-nous vos nom et adresse, en citant
ce livre et en précisant les domaines
qui vous intéressent.

Éditions Solar
12, avenue d'Italie
75013 PARIS

site Internet : www.solar.tm.fr

ISBN : 2-263-02969-9
Code éditeur : S02969
Dépôt légal : mars 2000
Imprimé en Espagne

Conçu et réalisé par Copyright pour les Éditions Solar
Conception graphique : Ute-Charlotte Hettler
Montage : Lélie Carnot
Direction éditoriale : Frédérique Crestin-Billet
Coordination éditoriale : Gracieuse Licari

BIBLIOTHÈQUE DES TECHNIQUES

LA PEINTURE SUR PORCELAINE

BRIGITTE CAZENAVE

TEXTES
MARTINE ROCCARD

STYLISME
MARIE-LAURE MANTOUX

ILLUSTRATIONS
JEAN-LUC GUÉRIN

PHOTOGRAPHIES
FANNY BRUNO

SOLAR

SOMMAIRE

PREMIÈRE PARTIE

I

SECONDE PARTIE

II

Raviers

Ne résistez pas
au charme subtil
de ces doux coloris
rehaussés d'or craquelé.
Les motifs pour les réaliser
se trouvent page 90.

PREMIÈRE PARTIE

I

SAVOIR-FAIRE

Pour que vos talents s'épanouissent, il vous faut de bons outils. Pinceaux, éponges, spatules et gommes, équipez-vous d'un matériel efficace qui ne trahira pas votre inspiration.

PINCEAUX

D'abord, choisissez des pinceaux de bonne qualité, à la fois souples et nerveux, qui vous donneront un trait plus précis, une touche plus nuancée, garants de progrès rapides.
Les pinceaux sont fabriqués en poil de martre, en petit-gris ou en kaërel (une matière synthétique), spécifiquement conçus pour la peinture sur porcelaine.
Certains d'entre eux sont montés sur un tube de plume s'adaptant sur un manche en bois. Préférez les manches les plus légers, vous ne devez pratiquement pas sentir le poids du pinceau entre vos doigts.

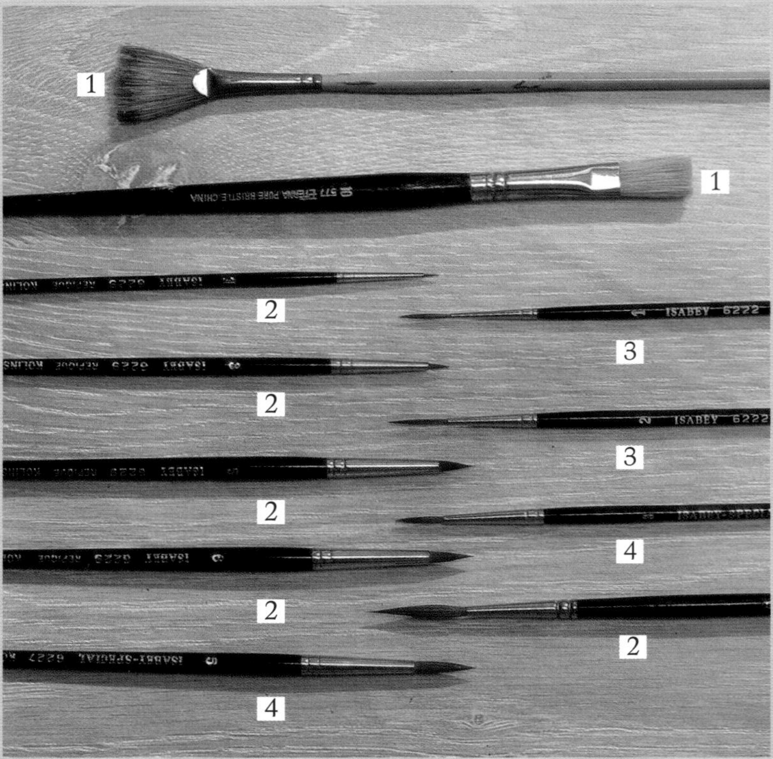

D'une manière générale, choisissez parmi ceux-ci le pinceau qu'il vous faut en fonction du motif que vous voulez peindre :
– des pinceaux à étendre, pinceaux éventail ou queues-de-morue (1). Ce sont des pinceaux plats qui peuvent être en matière synthétique et que l'on utilise pour peindre les fonds ;
– des pinceaux Isabey 6229, du n° 1 au n° 6 (2). Ce sont les pinceaux pour les petits motifs, s'employant par petites touches. Cette série, aussi appelée « grain de riz », permet de réaliser des miniatures, des visages, des travaux fins. Ces pinceaux sont en martre kolinski, une qualité de martre qui donne un dessin très fin ;
– des pinceaux longs et fins série 6222, en martre Isabey n° 1 et n° 2 (3). Ils permettent de travailler les fonds frais ; ce sont aussi des pinceaux à repiquer ;
– des pinceaux Isabey 6227, du n° 1 au n° 6 (4). Ce sont des pinceaux à repiquer servant à ajouter des détails aux décors ;

– une brosse en mangouste (1). C'est une brosse plate qui laisse son empreinte dans la couleur : elle permet de réaliser des plumes d'oiseaux, par exemple ;
– des pinceaux à putoiser, n° 1 au n° 6 (2). Coupés en pied de biche, ils permettent de retravailler les fonds pour obtenir une couleur unifiée ou des effets de matière ;
– des pinceaux à filer (3). Également appelés sifflets, ces pinceaux sont toujours montés sur un tube de plume (ou plume plastique) ; leur forme spéciale permet de tracer des filets de toutes tailles ;
– des pinceaux souples en petit-gris, du n° 1 au n° 6 (4). Ils permettent les fondus, les dégradés de couleurs ;
– une éponge cylindrique ou ronde(5). Recouverte ou non d'une feuille de mousse fine (6), elle permet de putoiser un fond et d'obtenir un grain très fin. La mousse fine est vendue en rouleau.

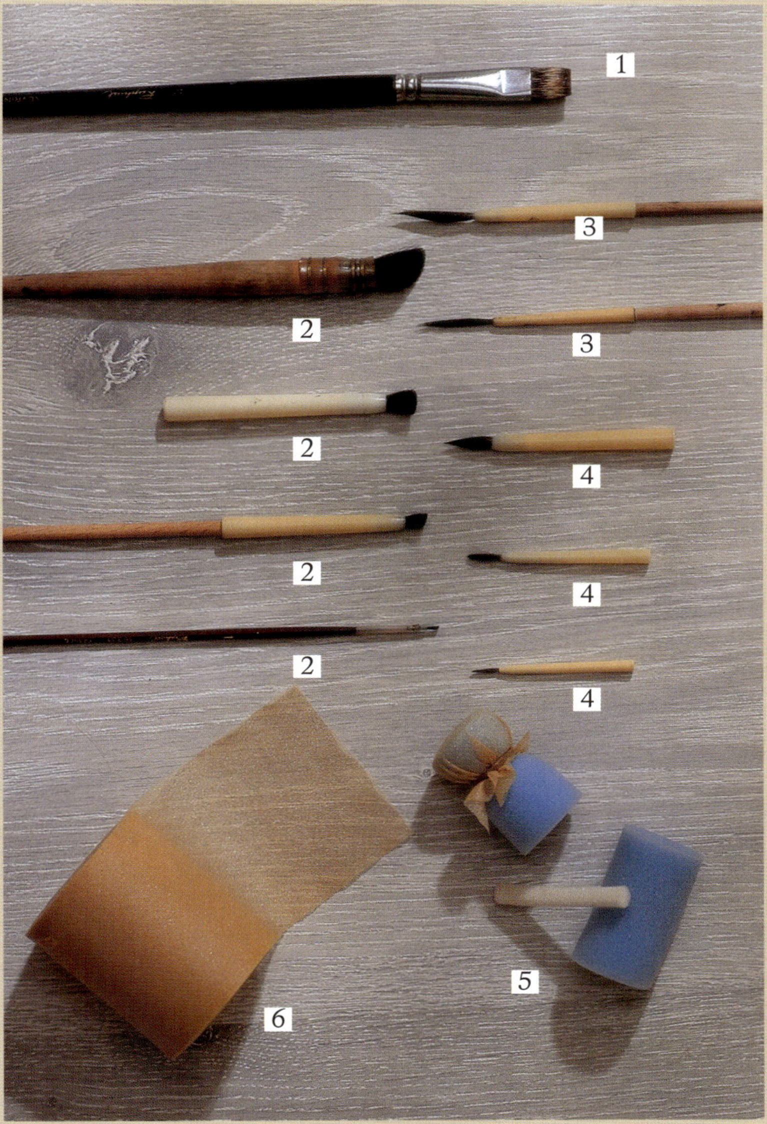

ENTRETIEN DES PINCEAUX ET DU MATÉRIEL

Pour bien nettoyer vos pinceaux, trempez-les dans de l'essence d'agrume. Ce produit fait tomber les pigments de couleur au fond du flacon. Essuyez ensuite les pinceaux à l'aide d'un papier absorbant.
Le pinceau ayant servi à étaler le vernis à réserver devra être rincé à l'eau claire, ce vernis étant soluble dans l'eau.
Nettoyez les spatules et les carreaux de faïence avec de l'alcool à brûler, les éponges dans de l'essence de térébenthine, puis trempez ce matériel dans du liquide à vaisselle pour le dégraisser complètement. Rincez à l'eau tiède. Pendant votre travail, rincez souvent vos pinceaux, même si vous ne changez pas de coloris.

PETIT MATÉRIEL

Pour compléter votre équipement, il vous faudra aussi, en plus des pinceaux décrits en détail sur la double page précédente :
– une spatule ou couteau (1). En acier inoxydable, ni trop dure ni trop souple, elle vous servira à écraser les pigments afin que le mélange obtenu soit le plus homogène possible ;
– une palette (2). Choisissez un carreau de faïence de 20 centimètres de côté ou une plaque de verre de mêmes dimensions pour effectuer la préparation des couleurs. Plusieurs carreaux sont nécessaires si vous devez employer des couleurs variées ;
– un crayon à porcelaine (3) pour tracer l'esquisse du dessin. Le trait de ce crayon a la particularité de s'effacer à la cuisson. Il existe en différents coloris pour marquer sur les fonds clairs et les fonds sombres ;
– un grattoir ou une lancette (4). Ils permettent de corriger une maladresse lorsque la peinture est sèche. On peut aussi utiliser un bâtonnet de buis ou un cure-dents ;
– une pointe fine (5). Pour reporter les dessins des calques sur la porcelaine ;
– une pince à épiler (6). Elle est pratique pour retirer la pellicule sèche laissée par le vernis à réserver ;
– une pointe caoutchouc, aussi appelée gomme emmanchée (7 et 7 bis). Elle sert à tracer des motifs dans la peinture fraîche ou à endiguer un débordement maladroit ;
– un porte-plume et une plume (8). On les utilise avec un médium plus liquide, l'essence contour, pour cerner un motif, pour écrire ou tracer des initiales, un monogramme. Cette plume permet les pleins et les déliés. Il existe aussi une plume dite « magique » (8 bis) dans laquelle la peinture monte par capillarité sur une tige qui la redistribue d'une façon régulière, permettant ainsi d'allonger le temps d'écriture. Cette plume s'emploie avec un médium appelé Copaiba dans lequel on ajoute une goutte d'essence de lavande ;

– un trace-filet (9). Ce petit objet métallique est conçu pour tracer des cercles à partir du bord de l'aile d'une assiette, d'un saladier ou d'une tasse. On l'utilise avec le crayon à porcelaine ;
– un compas Bergouin (10). Cet outil récent permet de poser les repères utiles pour centrer un motif ;
– un gratte-bosse (11). C'est un bâtonnet de fibre de verre qui sert à polir l'or mat après la cuisson. On peut aussi employer du sable à polir (16) ou une pointe d'agate (17) ;
– une gomme à or (12). Elle permet de faire disparaître les traces d'or laissées par inadvertance, après cuisson de l'objet ;
– un godet à or (18). Il sert à verser l'or avant son utilisation ;
– du ruban adhésif pour porcelaine (13). Il est utilisé pour mettre en réserve les surfaces de la porcelaine qui ne sont pas à peindre ou qui devront être peintes ultérieurement. Le ruban doit être collé avec soin, c'est-à-dire bien appuyé avec l'ongle pour que la peinture ne file pas dessous ;
– de l'adhésif de carrossier (14). Il est inégalable pour peindre un ou plusieurs filets droits parallèles sans débordement ;
– du calque et du carbone (15). Ils sont indispensables pour reproduire un motif. Pour plus de précision, choisissez du calque millimétré ; quant aux feuilles de carbone, elles existent de différentes couleurs pour marquer sur toutes les couleurs de fond ;
– une grille de division. Elle permet de repérer aisément l'emplacement d'un motif répété, en particulier sur les assiettes, les assiettes de présentation, les plats ronds. Vous trouverez page 93 une reproduction de cette grille de division ainsi qu'une explication pour l'utiliser.

Vous aurez également besoin d'une tournette. Elle est conçue pour réaliser les filets. Voyez page 28 les explications détaillées.

Pour préparer les peintures et les employer, vous aurez besoin d'un certain nombre de produits dont l'utilisation est détaillée dans les pages suivantes, en fonction des techniques auxquelles ces produits se rapportent :

– du médium universel (1). Vous préparez juste ce qu'il faut de couleur en mélangeant intimement la poudre avec quelques gouttes de médium ;
– de l'essence de lavande (2). C'est une huile essentielle permettant de retarder le séchage de la peinture ou de l'or ;
– de l'essence ou du diluant pour or et platine (3). C'est le solvant utilisé pour diluer l'or. Il sert aussi à nettoyer les pinceaux qui ont servi à son application ;
– du vernis à réserver (4). Coloré en rose, il se pose en couche épaisse sur les zones de la porcelaine qui doivent rester blanches. Il ne faut pas oublier de le retirer avant cuisson. Vous l'ôterez aisément à l'aide d'une pince à épiler ;
– de la gomme arabique (5). Elle est utilisée dans la technique de l'or craquelé ;
– de l'essence contour (6). C'est le médium employé pour malaxer les couleurs devant être appliquées à la plume ;
– de l'essence de girofle (7). C'est une huile essentielle que l'on ajoute à raison de quelques gouttes dans la couleur pour l'empêcher de sécher trop rapidement ;
– de l'huile molle (8). C'est un médium qui ne sèche qu'à la cuisson. On l'utilise pour créer des effets de matière ;
– du fondant : c'est le produit que l'on ajoute à la couleur pour augmenter son pouvoir vitrifiant et lui donner plus de brillance après cuisson ;

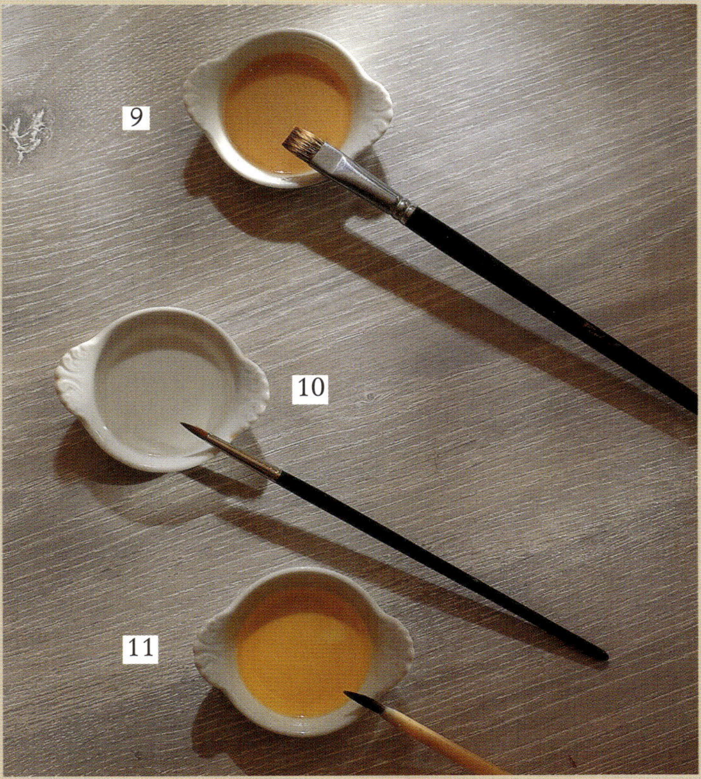

– de l'essence de térébenthine (9). Elle est employée pour le nettoyage du matériel de peinture, et rend aussi de multiples petits services. Pour que le crayon à porcelaine laisse une trace nette, vous graisserez très légèrement le support en passant un chiffon imbibé de térébenthine. Si votre peinture est trop épaisse, vous pouvez ajouter, quel que soit le liant utilisé, quelques gouttes de térébenthine ;
– de l'alcool à brûler (10). Il sert surtout à l'entretien et au nettoyage du matériel ;
– de l'essence d'agrume (11). C'est le produit de nettoyage des pinceaux.

Faites bien attention car tous ces produits sont nocifs. Vous devrez donc travailler dans un endroit bien aéré (voir ci-dessous).

BIEN S'INSTALLER

Travaillez toujours dans un endroit clair et surtout bien aéré en raison de la nocivité des produits volatils employés. Le port de gants de caoutchouc très fins est largement recommandé, surtout pour peindre de grands fonds à l'éponge, lorsque les doigts risquent d'être en contact avec les produits et avec les couleurs qui contiennent toutes du plomb.
Sachez qu'il existe des peintures sans plomb, de la marque Céradel par exemple, moins nocives à l'application et lors de la cuisson.
Attention à la poussière ! L'endroit dans lequel vous travaillez doit être propre car de fines particules peuvent venir se coller sur la peinture fraîche.

Une table de cuisine sera un excellent support ; cependant, votre avant-bras doit pouvoir prendre appui pour réaliser des figures régulières, tels les filets. Pour cela, utilisez une banquette, sorte de planchette en bois fixe ou mobile donnant une grande stabilité.
Quelle que soit votre position, face au plan de travail ou de côté, les objets plats à peindre doivent reposer sur votre main gauche (si vous êtes droitier) tandis que votre avant-bras, tenant le pinceau, sera appuyé sur le plan de travail.
Pour empêcher certaines petites pièces de bouger, posez-les sur le plan de travail et lestez-les avec un poids.

Les peintures pour porcelaine sont toutes translucides puisqu'elles sont, de par leur composition, proches du verre coloré puis pulvérisé.
Leur intensité dépendra donc de l'épaisseur de peinture posée sur le support. Elles se présentent sous forme de poudre à mélanger avec un médium.
Une couleur de bonne qualité est une couleur dont la texture n'est pas granuleuse, qui se mélange bien avec le médium et qui reste brillante après la cuisson. À vous de tester les différentes marques.

Pour composer votre palette de débutant, vous pouvez vous procurer les couleurs de base suivantes : bleu bleuet, vert mousse, pourpre rose, pourpre riche, jaune bouton-d'or, rouge de fer.
Si vous êtes complètement novice, commencez par utiliser des couleurs faciles à travailler comme le jaune et le vert.
Ensuite, vous pourrez élargir votre gamme de coloris au jaune-vert, vert olive, vert-noir, vert-bleu, gris-beige, bleu ciel, violet, jaune-brun, brun-rouge, brun foncé, blanc, gris-bleu, bleu cobalt.

PRÉPARATION DES COULEURS

Préparez vos couleurs sur une surface très propre, un carreau de faïence ou une plaque de verre.
Prélevez un peu de poudre sur la spatule, déposez-la sur le carreau (1). Versez quelques gouttes de médium et écrasez soigneusement la poudre à l'aide de la spatule pour obtenir une pâte la plus homogène possible (2). Il ne doit pas subsister le moindre grain de couleur mal mélangé car il pourrait laisser une trace disgracieuse sur la porcelaine.
Ajoutez ensuite quelques gouttes de médium pour obtenir la consistance voulue et permettre une application aisée de la peinture.
La texture de la peinture est essentielle pour obtenir un résultat satisfaisant.
Si vous avez mis trop de médium, la peinture trop liquide s'étalera sur le support et ne pourra pas se répartir de façon régulière sous le pinceau.
Vous pourrez remédier à cet état de chose en rajoutant du pigment.
Si la peinture est trop épaisse, elle n'est pas facile à étaler et elle va craqueler à la cuisson ; ajoutez un peu de médium ou quelques gouttes d'essence de térébenthine. La consistance idéale de la peinture peut être testée en prenant un peu de couleur sur l'extrémité de la spatule. La peinture doit couler en formant de grosses gouttes.
Vous pouvez ensuite ajouter à votre mélange une goutte d'essence de lavande pour en ralentir le séchage (3) et disposer d'un laps de temps plus long pour l'utilisation de votre couleur.

1

2

3

CONSEILS IMPORTANTS

Lorsqu'une couleur ne brille pas assez, il faut lui ajouter du fondant pour qu'elle conserve tout son pouvoir de vitrification et sa brillance après cuisson, dans la proportion maximale d'un tiers de fondant pour deux tiers de couleur (surtout pour les bleus qui ont tendance à perdre de l'éclat). Une proportion plus importante risquerait de dénaturer la tonalité de la couleur.

- Sachez aussi que certaines couleurs à base d'or ou le pourpre rose ou encore le violet demandent un mélange plus long et encore plus méticuleux, voire même une préparation anticipée (de la veille pour le lendemain) pour que le résultat soit à la hauteur de vos espérances.
- Si, après cuisson, la couleur n'est pas brillante, c'est que le four avait conservé de l'humidité, que la qualité de l'émail de la porcelaine n'était pas excellente ou encore que la qualité des pigments laisse à désirer.
- Enfin, avant de commencer un travail, préparez la pièce à peindre en la nettoyant avec un chiffon imbibé d'alcool à brûler pour en retirer les éventuelles traces grasses.
- Après application de la couleur, il peut subsister quelques maladresses que vous ferez disparaître en utilisant votre gomme emmanchée ou le grattoir. Si vous souhaitez employer de l'alcool à brûler, faites-le à l'aide d'un Coton-Tige pour que votre geste soit le plus précis possible.
- Si vous laissez votre travail en cours pour ne le reprendre que plus tard, couvrez les surfaces peintes et non cuites, mais sèches, avec du film étirable.

CRÉER UNE PALETTE

Pour vous familiariser avec les couleurs, créez votre palette personnelle. Réaliser cet échantillonnage est le meilleur moyen de vous rendre compte de la nuance exacte des pigments

■ Prenez plusieurs assiettes blanches pour créer une palette des roses, des bleus, des verts, des jaunes, des bruns et des rouges. Ces palettes vous permettront par la suite de compléter vos gammes au fur et à mesure de vos achats de couleurs. L'autre avantage est de pouvoir juger rapidement d'une harmonie de couleurs en rapprochant deux ou trois assiettes.
■ Pour réaliser chaque palette, posez une touche de couleur avec un pinceau souple. Faites ainsi un dégradé de chaque couleur pour obtenir une gamme allant du ton le plus soutenu au plus clair.
■ Procédez à une première cuisson. Vous découvrirez quelles couleurs ont craqué à la cuisson. Ces couleurs ne devront alors être employées qu'en couches fines.
■ Réalisez ensuite une seconde cuisson : certaines couleurs n'ayant pas craqué à la première cuisson peuvent craquer à la seconde. Vous vous ferez ainsi une idée de plus en plus précise sur la façon d'utiliser les couleurs, et sur la qualité des poudres que vous avez achetées.
■ N'oubliez pas de noter sous chaque touche de couleur la référence exacte et le nom du fournisseur.

en sachant qu'ils changent à la cuisson et selon l'épaisseur de couleur posée. Vous vous apercevrez vite que la plupart des bleus verdissent un peu après cuisson et que les roses et les violets sont bruns à l'application !

En principe, les couleurs pour porcelaine sont miscibles entre elles. Néanmoins, pour éviter des résultats surprenants, mieux vaut faire un test avant d'entamer le travail. Appliquez votre mélange de peinture sur un morceau de porcelaine et faites-le cuire pour juger du résultat final.

■ Pour mélanger deux couleurs, préparez chacune des couleurs séparément, puis mêlez-les sur le carreau de préparation. Cependant, si vous devez préparer une grande quantité de couleur, par exemple pour putoiser une série d'assiettes, mélangez directement une petite quantité des deux poudres en notant soigneusement les proportions des couleurs que vous utilisez. Ajoutez le médium, faites le test sur un tesson de porcelaine, faites cuire. Si le résultat vous satisfait, vous pouvez refaire votre mélange à plus grande échelle, en respectant scrupuleusement les proportions des poudres, sans risque de mauvaises surprises.

■ Si vous désirez garder le ton d'un mélange que vous avez particulièrement réussi pour vous en resservir plus tard, vous pouvez le préparer avec de l'huile molle qui ne sèche pas et le conserver ensuite dans un petit flacon hermétiquement bouché. N'oubliez pas d'étiqueter le flacon en notant les proportions de couleurs utilisées et leur références exactes.

■ Sachez que les rouges sont difficiles à mélanger avec d'autres coloris car ils ne cuisent pas à la même température.
De plus, il est impossible de mélanger certains jaunes avec certains rouges car, le jaune dissolvant le rouge, on n'en retrouve plus trace après cuisson ! On peut néanmoins éviter cet écueil en choisissant certaines marques de couleurs qui permettent ce mélange.

■ Les couleurs pour porcelaine sont translucides, et c'est d'abord la superposition de plusieurs couches qui donnera son intensité à la couleur. C'est aussi la façon dont la couleur est posée avec le pinceau qui va créer l'ombre et le volume du motif.

MODELER LES VOLUMES

Les photos ci-contre montrent comment l'utilisation du pinceau putois va créer l'ombre et le relief sur un fruit.
Les couleurs peuvent s'éclaircir et s'ombrer à volonté en respectant les quelques principes suivants :
– introduisez toujours la couleur la plus foncée dans la couleur la plus claire, le dosage sera beaucoup plus aisé (1) ;
– pour ombrer un jaune, prenez du vert kaki ou du brun-vert. N'utilisez pas un brun-rouge car il disparaîtrait à la cuisson ! On pourra aussi choisir un violet-brun pour ombrer le jaune ;
– pour ombrer un rose, employez un rose pourpre tirant sur le rubis ou un vert (2) ;
– pour ombrer un blanc, mélangez à celui-ci un peu de vert ou de gris tirant sur le vert ;
– pour ombrer un vert, utilisez un vert plus foncé ou un brun ;
– pour ombrer un bleu, choisissez un violet ou un bleu plus foncé ;
– pour ombrer un violet, employez un violet plus foncé ou un noir. Notez que le noir est une couleur qui craque facilement à la cuisson, son utilisation est donc plus délicate ;
– pour ombrer un rouge, utilisez un brun-rouge (3). Attention au rouge au cadmium qui ne se mélange qu'avec d'autres couleurs au cadmium.

Vérifiez l'étiquette sur les flacons de poudre avant tout mélange.
À l'inverse, pour éclaircir une couleur, il faut travailler sur l'épaisseur de cette couleur. Plus la couche est fine, plus vous obtiendrez une couleur délicate et transparente, donc claire. Vous pouvez aussi ajouter du blanc dans la couleur. Nous vous conseillons cependant de faire un essai sur un tesson de porcelaine pour juger du résultat après la cuisson.

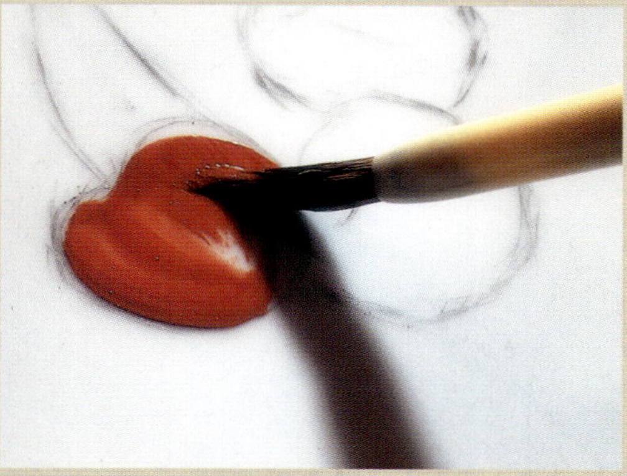
1

2

3

L'or est vendu en petits flacons tout prêts. Il existe de l'or brillant, plutôt réservé aux décors modernes, et de l'or mat, au rendu plus satiné. Le second est plus cher que le premier.
Le pourcentage d'or contenu dans l'or mat varie de 12 % à 32 % en passant par 24 %, le pourcentage le plus courant. L'or formant un dépôt au fond du flacon (les pigments sont lourds), il faut l'agiter longuement pour obtenir un liquide homogène. On peut également se servir d'un bâtonnet à or, en verre, pour remuer les pigments. Lorsqu'un reste de flacon s'épaissit, on peut le fluidifier avec quelques gouttes d'essence pour or en faisant attention de ne pas trop le diluer car il deviendrait inutilisable.
Pour ralentir le séchage de l'or, utilisez quelques gouttes d'essence de lavande comme pour une autre couleur.
L'or abîmant les pinceaux, réservez-lui une série de pinceaux synthétiques qui devront être nettoyés au diluant pour or ou à la térébenthine.

Lorsque l'on applique l'or, il est de couleur noire. Il est essentiel de remuer l'or à l'aide du bâtonnet de verre pendant son utilisation pour que les pigments restent bien en suspension. Le mélange est homogène si la surface présente un aspect moiré ; vous vous en rendrez facilement compte en regardant la surface du produit à contre-jour (1).

1

■ Après la cuisson, l'or est très mat ! Pour lui donner son éclat satiné, il faut le lustrer à l'aide d'un polissoir en fibre de verre, le gratte-bosse (2), ou à l'aide de sable à polir. Le sable à polir s'utilise sur un tampon d'ouate humide. Les grains de sable adhèrent sur le tampon qu'il faut passer sur les surfaces à polir avec des petits mouvements de rotation. Il faut absolument que tous les résidus de sable (ou de fibre de verre dans le cas d'un polissage au gratte-bosse) soient éliminés avant de poser une autre couleur ou avant une autre cuisson, sinon les résidus donneraient un aspect rugueux à la surface de l'objet. N'hésitez donc pas à passer sous l'eau un objet qui vient d'être poli.

2

■ Attention, ne laissez pas de traces d'or malencontreuses, elles apparaîtraient en rose après la cuisson. Retirez-les, avant cuisson, à l'aide d'essence pour or propre ou de térébenthine et, une fois la cuisson faite, à l'aide d'une gomme à or.

■ L'or peut aussi se poser à la plume, pour réaliser des monogrammes par exemple. Dans ce cas, il faut le diluer avec quelques gouttes de solvant pour or afin que sa fluidité soit idéale. N'oubliez pas de remuer soigneusement l'or car les pigments retombent très vite au fond.

■ Si l'or n'a pas été posé en quantité suffisante, la couleur n'apparaît pas uniforme après cuisson de l'objet. Afin d'y remédier, il est tout à fait possible de repasser un à-plat d'or sur l'objet et de le cuire une seconde fois.

Pour un résultat idéal, passez une couche d'or brillant, procédez à la cuisson, puis repassez une couche d'or mat, refaites cuire. Notez que l'or brillant est brillant dès sa sortie du four et qu'il n'est pas besoin de le polir.

■ Une dernière particularité devra attirer votre attention : le papier carbone jaune, utilisé pour reproduire les motifs, laisse des traces visibles sous l'or. Si vous n'avez pas le choix, appliquez l'or en retrait du trait de carbone jaune et essuyez-le lorsque l'or est parfaitement sec, avant cuisson.

OR CRAQUELÉ

D'un effet décoratif certain, l'or craquelé est le résultat d'une technique un peu particulière, mais à la portée de tous.
Faites un fond de couleur de votre choix, plutôt sombre, rouge, noir, vert foncé, orangé, faites-le cuire. Faites un mélange à parts égales d'or brillant ou mat avec de l'essence pour or.
À l'aide d'un pinceau souple, posez un à-plat d'or sur le premier fond, déjà cuit. Attendez que l'or sèche un peu – il doit à peine coller au doigt – et étendez à l'aide d'un pinceau une solution de gomme arabique (vendue toute prête en flacon).
Séchez l'objet au séchoir. N'oubliez pas de travailler dans une pièce bien ventilée et effectuez l'opération de séchage devant une fenêtre ouverte.
Attendez 48 heures avant de cuire l'objet pour que la gomme arabique, en séchant, forme les craquelures de l'or. Procédez à la cuisson à 730 °C.

SIMILI-INCRUSTATION

La technique de la simili-incrustation permet de réaliser des motifs qui ressortiront en or terni dans de l'or satiné.
La simili-incrustation chez Schira ou le fond d'or de Scherning se présentent sous forme de poudres qui se diluent au médium.
Tracez votre motif à l'aide de l'un de ces mélanges. Procédez à la cuisson.
Dans un deuxième temps, passez un fond d'or sur le premier dessin. Après une seconde cuisson et un polissage, le premier dessin apparaît en mat sur le fond d'or satiné.

RELIEFS

Les reliefs dorés, utilisés sous forme de petites perles, de guirlandes ou soulignant tout autre motif, ajoutent une note décorative incontestable.
Pour créer un relief, préparez une pâte consistante avec une poudre relief et du médium. Le mélange ne doit pas s'étaler. Prélevez ce mélange sur un pinceau fin. Tracez vos dessins en relief selon votre inspiration mais en sachant que des décors fins seront toujours plus réussis que de grosses surfaces de relief qui ont une fâcheuse tendance à craquer à la cuisson.
Après une première cuisson, repassez un à-plat d'or sur le relief. Il est souvent difficile de passer un à-plat d'or autour d'un motif, d'une guirlande par exemple. Pour vous faciliter le travail, vous pouvez poser du ruban adhésif de carrossier sur cette guirlande. Appuyez bien avec l'ongle et décollez la bande transparente : les deux filets horizontaux vont vous permettre de poser un à-plat très régulier autour de la guirlande.
Décollez les filets rouges après séchage complet de l'or. Après cuisson, polissez l'or en relief de la même façon que l'or en à-plat.

SECRETS DU PLATINE

Le platine, qui peut être employé avec succès dans beaucoup de décors modernes, nécessite une attention particulière. Il ne faut pas toucher la pièce à peindre avec les doigts car le platine ne tient pas sur la moindre trace de gras. Passez votre pièce à l'alcool à brûler, séchez-la avec un chiffon propre et non pelucheux et mettez des gants de caoutchouc fin pour travailler.
Faites aussi attention aux traces de peinture platine : si elles ne sont pas retirées, elles apparaissent en violet après cuisson.

CHOIX DES MOTIFS

Les sources d'inspiration sont illimitées : vous pouvez reproduire des fleurs, des fruits, des paysages, des scènes diverses, des dessins géométriques, des matières, des tableaux, assortir vos objets peints à votre intérieur, à votre papier peint…Tout est possible, mais il faut penser à adapter le motif au support que vous allez peindre. Plusieurs petites fleurs sur une tasse à café seront plus décoratives qu'une seule grande fleur !
Avant de commencer un travail, n'hésitez pas à chercher longuement le motif que vous avez envie de peindre, dans ce livre par exemple, dans une revue. Composez-vous une documentation en achetant des cartes postales, en découpant des journaux, en échangeant des motifs avec des amis (attention aux droits de reproduction si vous comptez faire commerce de vos œuvres !).
Photocopiez les motifs qui vous tentent en les agrandissant, par exemple pour les reproduire à bonne échelle sur un plat ou une assiette de présentation, ou au contraire en les réduisant pour des objets de moindres dimensions.

REPRODUCTION D'UN MOTIF

Lorsque vous avez choisi votre motif, reportez-le sur la porcelaine à l'aide d'un crayon à porcelaine dont le trait disparaîtra à la cuisson. N'oubliez pas de garder un calque de votre motif si vous voulez le reproduire plusieurs fois !
Vous pouvez dessiner à main levée : si vous vous sentez sûr de vous, entamez le dessin à main levée après avoir passé la porcelaine à peindre avec un chiffon très légèrement imbibé de térébenthine pour que votre crayon marque bien.

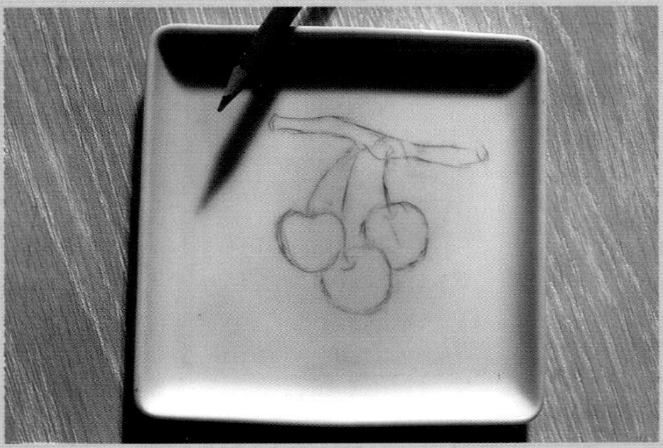

DÉCALQUER UN MOTIF

Décalquez le motif à l'aide d'un crayon noir ordinaire. Retournez la feuille et reproduisez le dessin à l'aide du crayon à porcelaine (1). Posez le calque sur la porcelaine, fixez-le à l'aide d'adhésif et repassez soigneusement tous les traits du motif (2). Retirez le calque, le motif est reporté sur l'objet à peindre.
Ce procédé s'emploie lorsque l'on ne veut pas être gêné par l'utilisation d'une feuille de carbone, donnant un rendu trop foncé.
Pour appliquer une feuille de calque sur l'arrondi d'une tasse ou le bombement d'une théière, il faut cranter tout le tour du calque pour qu'il épouse la forme sur laquelle il va être fixé.

1

2

REPORT AU CARBONE

Posez le dessin ou son calque sur l'objet à peindre en respectant la symétrie (1). Fixez-le à l'aide de ruban adhésif. Glissez ensuite, sous le calque, une feuille de carbone graphitée (2). Choisissez du carbone foncé pour marquer un fond clair et un carbone clair si le fond est foncé. Fixez-le également à l'aide d'adhésif. Repassez le dessin avec un crayon bien taillé ou à l'aide d'un stylet.
Ce procédé permet de reproduire un motif sans l'avoir décalqué au préalable. Le trait de carbone comme le trait de crayon à porcelaine s'effacent à la cuisson.
Si vous n'avez pas de carbone, vous pouvez ombrer une feuille de calque avec un crayon à porcelaine et vous en servir comme d'un carbone.

1

2

MÉTHODE DU PONCIF

Cette méthode est employée pour reproduire un même motif à plusieurs exemplaires, pour une série d'assiettes, un service à café, etc.
Décalquez le motif sur papier-calque. À l'aide d'une aiguille fine, perforez le calque en suivant les lignes de votre dessin. Pour obtenir un résultat régulier, posez le calque sur un morceau de moquette ou toute autre surface molle.
Retournez le calque sur l'envers et poncez doucement les aspérités laissées par l'aiguille à l'aide d'un papier de verre ultrafin.
Posez le calque à l'endroit sur la porcelaine, fixez-le à l'aide d'adhésif puis passez un tampon recouvert de poudre de carbone sur votre tracé. La poudre de carbone s'obtient en broyant finement un fusain.
Retirez très délicatement la feuille de calque, car le dessin obtenu est très fragile, puis recommencez la même opération sur les autres objets décorés du même motif.

CENTRER UN MOTIF

L'emplacement du motif peint a une importance déterminante dans la réussite de l'objet.
Vous pourrez choisir de décentrer le motif pour un résultat plus original, mais, plus souvent, vous devrez le centrer parfaitement. Pour cela, vous pouvez décalquer votre motif sur du calque millimétré. Placez le motif sur une ligne épaisse pour une meilleure lisibilité. Pliez votre calque en suivant les deux diagonales. Le point de rencontre des deux diagonales est le centre de votre motif ; vous pouvez le superposer avec le centre de l'objet à peindre. Dans un cendrier ou dans n'importe quel objet carré ou rectangulaire, tracez également les deux diagonales pour déterminer le centre.
Il existe aussi un compas particulièrement astucieux, le compas Bergouin (voir photo ci-contre), qui vous permettra de tracer par exemple le rectangle ou le carré central sur lequel vous peindrez un monogramme ou un autre motif. Vous délimiterez cet espace en appuyant le compas sur le bord de l'objet et en traçant les repères dont vous avez besoin.
Pour positionner la hauteur d'un motif sur une tasse ou une aile d'assiette, utilisez le trace-filet pour créer des repères (voir explication n° 2, p. 29).

POSE DU VERNIS À RÉSERVER

Le vernis à réserver va vous servir à délimiter un motif à peindre ou à conserver vierge une zone devant le rester ou devant être peinte ultérieurement. Voici comment bien l'utiliser.

1 De couleur rose et de consistance assez grasse, vous devrez étaler le vernis à réserver en couches épaisses.

2 Une fois posé, laissez sécher le vernis pendant une dizaine de minutes environ, un peu plus si la surface est importante.

3 Putoisez la surface délimitée par le vernis. Ici, l'éponge cylindrique est recouverte de mousse fine pour un rendu unifié.

4 Lorsque la peinture est sèche, retirez le vernis, comme une peau, à l'aide d'une pointe ou d'une pince à épiler.

LA TOURNETTE

Si le filet donne une finition incomparable, il est aussi un décor à part entière.
Pour tracer des filets parfaits, il est indispensable de posséder une tournette et un pinceau sifflet (voir page 9) suffisamment fourni qui pourra jouer le rôle de réservoir et vous permettre ainsi d'exécuter un cercle complet sur une assiette, par exemple.
Centrez bien votre objet sur la tournette ; son plateau, rainé de cercles concentriques, permet de réaliser facilement cette opération.
Pour que le filet ne tremble pas, il est utile de stabiliser l'avant-bras et même la main sur une planche à débordement et de placer la planche en surplomb par rapport à l'objet à filer. Faites tourner l'appareil en lui donnant une vitesse constante avec les doigts de la main ne tenant pas le pinceau.

1

L'ÉPAISSEUR DES FILETS

1 La coupe en biseau du pinceau permet, selon la façon dont il est tenu, d'exécuter des filets « cheveux » ou des filets plus épais.
Pour un filage fin, le pinceau est tenu verticalement.
On assied le biseau sur la porcelaine, et c'est le tranchant qui formera le filet.

2 Pour un filet plus large, le pinceau est posé à plat, presque horizontalement sur la porcelaine. Pour que les bords des filets épais soient nets, ils doivent d'abord être délimités par un filet fin. Vous tracerez celui-ci à l'aide d'un trace-filet et d'un crayon à porcelaine. Fixez le trace-filet sur l'aile d'une assiette, par exemple, présentez la mine du crayon à porcelaine dans l'un des trous du trace-filet et faites tourner de façon régulière.

2

3 À l'aide d'un pinceau à filer ou sifflet, exécutez un filet cheveu sur le trait de crayon, il ne vous reste plus qu'à remplir l'espace entre le bord de l'assiette (ou de la tasse) et le filet en posant le pinceau à plat pour obtenir une bande de couleur régulière.
Du vernis à réserver peut être posé en filet cheveu, par exemple pour délimiter une bande de couleur qui sera ainsi plus facile à peindre.

3

4 Si vous ne possédez pas de tournette, vous pouvez réaliser un filet épais à l'aide d'adhésif pour porcelaine.
Posez l'adhésif juste à la limite du trait de crayon. Putoisez à l'éponge votre filet épais.

4

LES FILETS DROITS

Enfin, pour peindre des filets droits, vous pouvez employer un adhésif de carrossier. Posez-le en l'appuyant bien avec l'ongle, puis ôtez le collant de protection. Il reste sur la porcelaine deux bandes rouges parallèles qui bordent strictement l'espace à peindre. Lorsque la peinture est sèche, décollez les deux bandes rouges.

TOUCHES DE BASE

Avant de vous lancer dans la peinture proprement dite, il n'est pas inutile de vous familiariser avec la manière de prélever la couleur avec le pinceau et les différentes touches de base.
Vous remarquerez vite que le résultat final dépend en grande partie de la façon dont vous chargez le pinceau en couleur, la touche de pinceau permettant non seulement d'appliquer la couleur mais aussi de la modeler.

TOUCHE EN POINT D'EXCLAMATION

C'est la touche de base des pétales de bleuet. Prélevez la couleur en effleurant la masse de peinture par un mouvement de pinceau du bas vers le haut afin que la goutte de couleur se retrouve sur le dessus du pinceau. Cela permet de tirer doucement la couleur et non de l'écraser sur la porcelaine à peindre. Posez d'abord la pointe du pinceau ; au moment du contact, exercez une légère pression sur le pinceau pour en étaler les poils, tirez le pinceau et relevez-le doucement pour terminer le pétale par un trait aigu. La difficulté consiste à modeler des pétales les plus réguliers possible.

TOUCHE EN S OU EN S INVERSÉ

C'est la touche de base des pétales de marguerite par exemple, mais vous la retrouverez aussi dans beaucoup d'autres motifs comme les frises. Prenez la couleur sur le côté de votre pinceau en repoussant le petit tas de peinture préparée de l'extérieur vers le centre.
Posez la pointe du pinceau presque verticalement sur la surface à peindre, exercez une pression délicate pour écraser les poils du pinceau en le tirant légèrement vers vous et en formant le corps du S, puis relevez très doucement la pointe dans sa position de départ pour former la queue du S.
N'hésitez pas à vous entraîner pour acquérir un coup de main dans la réalisation de cette touche. Le S inversé s'exécute en formant la courbe du S dans le sens opposé.

TOUCHE EN ROND OU TOUCHE EN C

C'est la touche utilisée pour réaliser le cœur d'une rose ou le bouton d'une fleur en général. Chargez le pinceau (série 6229 n° 6) d'une couleur claire, puis prélevez sur le côté du pinceau une couleur plus foncée, par exemple du rose et du pourpre rubis. Posez une touche en rond de façon que la couleur foncée se trouve à l'extérieur. La couleur chassée vers l'extérieur donne un premier dégradé de couleur. Avec un pinceau souple en petit-gris légèrement chargé de la couleur claire, fondez la couleur claire avec la couleur foncée pour estomper toute démarcation trop nette. Refaites la même touche en retournant le support pour fermer le rond et obtenir le cœur de la fleur. Rechargez le pinceau avec les deux coloris et posez-les en virgule à droite et à gauche du cœur de la rose pour former des pétales serrés.

OMBRER LES TOUCHES

1

2

3

Pour modeler une ombre, prélevez une première couleur (1), puis déposez la seconde couleur sur le côté de ce même pinceau (2), soit à droite soit à gauche, selon le côté à ombrer ou à modeler. Cette technique permet d'obtenir un dégradé avec une seule touche de pinceau (3).

TECHNIQUE DE LA PLUME D'OISEAU

Dessinez, à l'aide d'un crayon à porcelaine, la forme générale de la plume. Pour donner l'impression de la texture d'une plume, utilisez une brosse en mangouste. Prenez la peinture un peu sèche du bout de la brosse. Posez la brosse en appuyant à peine l'extrémité des poils dans le sens organique des barbes de la plume d'un côté de la hampe (1).
Refaites la même chose pour les barbes de l'autre côté de la hampe avec un coloris différent. Arasez soigneusement les bords des barbes à l'aide d'un pinceau propre trempé dans de l'alcool à brûler, puis essoré.
Délimitez aussi avec ce pinceau les irrégularités et les petites cassures que présentent les barbes. Tracez la hampe de la plume à l'aide d'un pinceau long et fin (2).
Dernière touche pour obtenir plus de réalisme, réalisez un petit glacis transparent qui imitera le duvet à la base de la plume.

1

2

TECHNIQUE DE LA LIGNE

Pour tracer une ligne la plus régulière possible, utilisez un pinceau long et fin. Chargez-le de peinture sur toute sa longueur. La peinture sera ni trop sèche ni trop liquide. Trop sèche, elle provoquerait une épaisseur disgracieuse, trop liquide, elle s'étalerait sous le pinceau. Faites un essai sur un carreau de faïence avant d'entamer le trait. Vérifiez la texture de votre couleur et nettoyez fréquemment le pinceau pendant le travail car la peinture a tendance à sécher dans les poils du pinceau. Trempez le pinceau dans l'essence de térébenthine, séchez sur un chiffon puis rechargez votre pinceau en peinture. Le trait se fait en appuyant doucement et régulièrement sur le pinceau.

TECHNIQUE DE LA PLUME

La plume sert à cerner une lettre, un monogramme ou un motif. La plume courante s'utilise avec le médium avec lequel vous préparerez votre couleur.

- Pour obtenir la consistance idéale, posez une goutte de médium à côté du tas de couleur en poudre puis amenez la goutte vers le bord du tas de poudre jusqu'à obtention de la consistance voulue.
- Trempez la plume dans la couleur puis posez-la sur le trait à dessiner et attendez le dépôt d'une goutte.
- Tirez très lentement la plume dans la direction du trait.

Si la peinture n'a pas la bonne consistance ou si vous allez trop vite, la couleur n'a pas le temps de se déposer sur le trait.

Avec une plume magique, la ligne que vous obtiendrez sera plus régulière et vous ne risquez pas de pâtés ! Cette plume s'utilise avec un médium appelé Copaiba additionné d'une goutte d'essence de lavande qui retarde le séchage de la peinture. Son principal avantage est de permettre le dessin d'un trait plus long sans avoir à lever la main pour recharger en peinture.

Il existe un autre médium, le médium au sucre, qui permet de passer la couleur après séchage complet du cerne, alors que les autres médiums, contour et Copaiba, doivent être cuits avant la pose d'une couleur.

FOND UNI

Après avoir préparé la couleur, prenez un pinceau à étendre et prélevez la couleur sur le plat du pinceau. Étalez votre couleur le plus régulièrement possible (1).
Puis, pour donner encore plus d'uniformité à votre fond, utilisez une éponge recouverte de mousse fine légèrement imprégnée de peinture avec laquelle vous éliminerez toute surépaisseur (2). Déposez régulièrement l'excédent de peinture sur un papier absorbant.
Laissez sécher. N'oubliez pas de nettoyer soigneusement le dessous de l'objet avec un chiffon imbibé d'alcool à brûler pour qu'il n'adhère pas au support de cuisson.
Procédez ensuite à la cuisson.

Si votre fond uni est sombre, étalez la couleur à la brosse plate ; servez-vous de l'éponge en mousse fine pour unifier le fond.
Après cuisson, si l'intensité du fond n'est pas satisfaisante, recommencez l'opération (3) de la même façon pour obtenir le résultat souhaité. Mieux vaut faire deux cuissons que d'étaler une couche de couleur trop épaisse qui s'écaillerait à la cuisson.

Si vous choisissez de peindre, par exemple l'aile d'une assiette, vous pouvez protéger l'espace voulu en posant une couche de vernis à réserver pour délimiter exactement la partie peinte (reportez-vous aux explications de la page 27). N'hésitez pas à poser le vernis en couche épaisse, il se retirera encore plus facilement. Ce peut être une bande transversale ou le centre d'une assiette.
Rincez soigneusement le pinceau à l'eau. Le vernis à réserver peut être posé à la tournette.
Laissez sécher pendant 10 minutes environ.

1

2

3

FOND À L'ÉPONGE

Malaxez la peinture jusqu'à l'obtention d'un mélange assez fluide. Étalez-la au pinceau plat (1). Unifiez la couleur à l'éponge fine légèrement imbibée de couleur (2).
Laissez sécher 12 heures environ.
Pour obtenir un effet de matière bien marqué, prenez une éponge naturelle et prélevez un peu de peinture (3).
La peinture peut être la même pour un épongé léger, elle sera plus foncée pour obtenir un contraste plus important.
Posez délicatement l'éponge sur la surface à peindre pour déposer des traces plus sombres sur le fond.
Laissez sécher avant de cuire la porcelaine.

La technique de l'éponge peut être réalisée avec une seule couleur ou avec deux couleurs différentes, mais dans la même gamme de ton. Dans ce dernier cas, la première couleur réapparaîtra par endroits sous le second coloris (4).

2

3

1

4

FOND MOUCHETÉ AU PUTOIS

1

2

Préparez un mélange de peinture assez fluide. À l'aide d'une brosse plate, étalez la couleur le plus finement possible et uniformisez la surface avec une éponge en mousse (1).
Laissez sécher.
Prélevez un peu de couleur sur votre pinceau à putoiser et tapotez la surface déjà peinte (2). Faites attention à ne pas appliquer trop de peinture, elle s'écaillerait à la cuisson.
Avant de recharger votre pinceau, rincez-le dans de l'essence de térébenthine, estompez légèrement à l'éponge fine.
Procédez à la cuisson.
Vous pouvez aussi, lorsque le fond n'est pas encore sec, moucheter la couleur fraîche à l'aide d'un pinceau à putoiser.

FOND IMITATION PAILLE

1

Préparez l'objet à peindre comme pour la réalisation des fonds précédents.
Préparez votre couleur non pas avec votre médium ordinaire mais avec de l'huile molle. Cette huile, ne séchant pas à l'air, va vous permettre de travailler la couleur pour créer l'imitation de paille.
Le séchage se fera ultérieurement à la cuisson. Posez la peinture à l'aide d'un pinceau à étendre ou d'une queue-de-morue (1). Griffez l'à-plat de peinture

2

à l'aide de la brosse en mangouste, de l'intérieur vers l'extérieur de l'objet (2). Pour vous faciliter le travail, vous pouvez poser l'assiette sur la tournette, les stries laissées par la brosse en mangouste seront encore plus régulières.

FOND ESSUYÉ

Pour cette technique, vous pouvez utiliser différents éléments : le chiffon, le papier froissé donneront des rendus différents. Faites des essais pour choisir ce qui vous séduira le plus.
Préparez la couleur de votre choix puis faites une seconde préparation en fonçant le premier ton.
Appliquez la première couleur à l'aide d'un pinceau plat.
Putoisez à l'aide d'une éponge recouverte de mousse fine. Chargez le pinceau de la peinture la plus foncée. Posez-la par touches longues et régulières sur le premier fond.
Prenez un chiffon non pelucheux ou un papier froissé (1) et tamponnez délicatement les touches de peinture foncée. Changez régulièrement de papier ou de chiffon pour que la peinture ne s'accumule pas (2).
Si vous jugez le résultat trop contrasté, fondez les deux couleurs à l'aide d'une éponge recouverte de mousse fine.
Cuisez votre porcelaine.

1

2

FAUX MARBRE

Il existe beaucoup de sortes de marbres, les nuageux, les veinés, les blancs, les noirs, les rouges, les gris, les verts. À vous de choisir celui que vous voulez reproduire ; si vous avez un modèle près de vous, regardez-le avant de commencer votre travail. Notez le sens des veines et leurs couleurs, ainsi que les tonalités du fond.

Pour réaliser par exemple un faux marbre bleu, préparez la couleur, chargez un pinceau queue-de-morue.

- Posez la couleur de façon assez irrégulière mais en tirant le pinceau en longues touches parallèles et en suivant la diagonale de l'objet.
- Tamponnez à l'éponge de façon à homogénéiser la couleur et à fondre les coups de pinceau. Lorsque l'éponge est trop chargée, tamponnez-la sur un carreau de faïence propre. L'éponge doit aussi retirer un peu de couleur çà et là sur le fond.
- Préparez la couleur noire ; avec la même éponge, prélevez un peu de couleur et formez des lignes parallèles noires sur le fond bleu.
- Estompez à l'aide d'une éponge propre. Dessinez le veinage clair du marbre en retirant de la peinture du fond avec la tranche d'une éponge. Estompez toujours avec l'éponge et éclaircissez certains endroits de votre marbre. Le veinage doit suivre une même direction et ne doit pas se croiser. Si vous avez formé trop de veines, refondez la couleur avec l'éponge.

- Trempez ensuite un Coton-Tige dans de l'alcool à brûler et essorez-le. Roulottez le bout du Coton-Tige pour former un nouveau réseau de veines, appuyez légèrement pour créer un petit nœud puis relevez le Coton-Tige pour finir la veine. Estompez à nouveau.
- Prenez un pinceau fin, chargez la pointe en noir et retravaillez le veinage en roulottant aussi le bout du pinceau pour créer les veines les plus soutenues.
- Estompez une dernière fois. Le faux marbre est prêt pour la cuisson.

IMITATION MALACHITE

Préparez de la couleur verte. Étalez le fond et faites cuire.
Préparez ensuite un ton vert-noir, étalez-le en couche fine sur le premier fond.
À l'aide d'une carte à jouer que vous aurez crantée irrégulièrement, ou d'un ticket de métro cranté également, reproduisez l'aspect du veinage de la malachite en tournant la carte sur elle-même (1).

1

Prenez un pinceau fin, chargez-le de vert-noir et cernez le veinage arrondi que présente la surface de cette pierre (2).
Ce genre de fond aura un bel effet décoratif sur un cendrier ou sur l'aile d'une assiette, utilisé en surfaces moyennes.

2

PORCELAINE ET FAÏENCE

Le carreau de faïence mural est sans doute l'objet le plus intéressant à peindre pour personnaliser une cuisine ou une salle de bains. Vous pouvez envisager de créer une frise, de peindre plusieurs carreaux qui, réunis, formeront un motif. Dans ce cas, n'oubliez pas de numéroter vos carreaux au verso pour vous y retrouver lors de la pose. De même, pour juger de l'effet d'une frise, peignez un carreau et regardez-le entre deux miroirs pour créer un effet de perspective.
La différence entre porcelaine et faïence réside surtout dans la façon de cuire ces deux matériaux. La faïence demande une montée en température plus progressive pour atteindre au final un maximum de 730 à 740 °C alors que la cuisson de la porcelaine dépasse les 800 °C pour certaines couleurs.

Les couleurs et le matériel seront les mêmes que pour la peinture sur porcelaine, mais notez que vous pouvez utiliser la peinture en touches plus épaisses que sur la porcelaine sans risque de la voir se craqueler et s'écailler à la cuisson. Cette particularité donne un aspect plus rustique aux décors.
La peinture se pose sur des faïences déjà émaillées.
On emploie assez peu l'or : il donne à la faïence un côté clinquant qui lui sied mal.
Faites attention, l'émail de la faïence peut se craqueler, c'est l'un des charmes des faïences anciennes, mais dans le cas d'un service d'assiettes ou d'objets utilitaires, les salissures risquent se glisser dans les craquelures de l'émail qui est devenu poreux. Ce défaut peut lui conférer une odeur peu agréable !

Vous trouverez dans les pages qui suivent de nombreux motifs à reproduire avec pour chacun d'eux le matériel à employer, une suggestion de coloris et les conseils indispensables à la réussite de votre décor.
À vous de choisir le motif qui vous séduit et de l'adapter aux dimensions de l'objet à peindre.
Ne négligez pas de vous reporter aux pages techniques de cet ouvrage pour savoir comment reproduire le motif, comment modeler les touches de couleurs, donner le bon volume et retravailler les détails qui feront de vous un véritable peintre sur porcelaine.
Enfin, n'hésitez pas à personnaliser votre travail en changeant les couleurs afin de les harmoniser avec le décor de votre intérieur.

SECONDE PARTIE

II

MOTIFS

Pour réaliser cette assiette, vous aurez besoin d'un pinceau souple en petit-gris n° 6, d'un pinceau série 6222 n° 3 et d'un pinceau fin, ainsi que des couleurs jaune bouton-d'or, vert kaki, brun pour le citron. Pour les feuilles, des couleurs vert clair, vert moyen et vert sombre.
Posez une couche de vernis à réserver sur la feuille qui touche le citron. Étalez le jaune bouton-d'or sur tout le fruit. Sur les parties à ombrer, posez la couleur vert kaki. Dans la couleur encore fraîche, putoisez la couleur la plus claire avec une éponge en mousse légèrement imbibée de jaune et fondez-la dans la partie la plus sombre. Pour qu'ils soient bien nets, nettoyez les contours du fruit avec un pinceau imbibé d'alcool à brûler. Pour les branches, utilisez un pinceau série 6222 n° 3 en le chargeant avec du vert. Retravaillez la couleur pour casser la régularité de la branche et lui donner l'aspect du bois.
Lorsque la peinture est sèche, retirez le vernis à réserver et putoisez les feuilles avec les trois tons de vert. Posez d'abord la couleur la plus claire, puis le vert plus soutenu de chaque côté de la nervure centrale. Rehaussez les ombres avec le vert plus sombre.

Citron : mise en couleur.

Vous trouverez page 46 le motif en noir et blanc à décalquer, ainsi qu'une explication si vous souhaitez réaliser un feston sur le bord de l'assiette.

Assiette au citron

À vous d'imaginer un service complet décoré de citrons ou de peindre des agrumes différents dans chaque assiette.

Citron : modèle.

Si vous souhaitez réaliser un feston sur l'aile de l'assiette, vous utiliserez la grille de division (voir page 93) et un trace-filet. La grille de division vous permettra de tracer les repères qui vont régir le rythme de la courbe sinusoïdale (le feston) et le trace-filet définira l'amplitude des courbes. Avec un pinceau long et fin, étalez de la peinture jaune le long du feston. Il ne vous reste plus qu'à putoiser la couleur avec l'éponge cylindrique pour l'étirer jusque sur les bords de l'assiette.

Clémentines : modèle.

Clémentines : mise en couleur.

ROSES ANCIENNES

Pour peindre ces roses, vous aurez besoin d'un pinceau souple n° 5 et d'un pinceau 6229 n° 6 ainsi que des couleurs rose pourpre, pourpre rubis pour les roses, et vert-jaune, vert Empire et vert-noir pour les feuilles.
Chargez le pinceau n° 6 de rose pourpre et, sur le côté, de pourpre rubis. Posez un touche en C (voir page 31) de la gauche vers la droite.
La couleur doit se dégrader du plus sombre, à l'extérieur, au plus clair, vers l'intérieur de la rose. À l'aide d'un pinceau souple, posez sur le centre, resté blanc, un léger voile de rose clair.
Formez ensuite les pétales autour du cœur en posant des touches en C, deux d'un côté, trois de l'autre.
Retournez l'objet à peindre, puis, à l'aide du pinceau n° 6, chargé de pourpre rubis, modelez le cœur de la rose. Enfin, avec un pinceau sec, repoussez la couleur pour ourler les pétales de la rose.
Pour les feuilles, utilisez le vert jaune et le vert Empire de chaque côté de la nervure centrale. Ombrez à l'aide du vert-noir pour varier l'intensité de la verdure.
Si vous désirez border l'objet d'or, posez un ruban adhésif de protection, puis posez l'or sur la bordure et sur le pied de la tasse. Polissez après cuisson.

Modèles.

Mise en couleur.

Tasse à café

Donnez à vos tasses un air très anglais en déclinant ces petites roses à l'infini.

Autruche : modèle.

Pour peindre cette autruche, vous aurez besoin d'un pinceau souple, d'une éponge cylindrique et d'une pointe caoutchouc ainsi que des couleurs sépia soutenu et noire. Les conseils pour la mise en couleurs se trouvent page 52.

Plat animalier

Pour un motif plutôt stylisé, choisissez des animaux venus de loin. Sur cette assiette surgit une autruche un peu fantasmagorique inspirée de l'art zoulou.

Autruche : mise en couleur.

Posez du vernis à réserver tout autour du dessin de l'autruche et sur les articulations des pattes, sur l'œil, le bec et la base du cou. Putoisez le corps de l'animal en ombrant le dos afin de recréer les volumes de l'oiseau. Dégagez les ondulations des plumes à l'aide d'une pointe caoutchouc. Posez la couleur noire sur la tête, le cou et les pattes à l'aide d'un pinceau souple, puis putoisez pour éliminer toute surépaisseur. Procédez de la même façon pour peindre les empreintes. Faites cuire.

Posez un voile de couleur sépia sur le fond de l'assiette à l'aide de l'éponge. N'oubliez pas d'ajouter quelques gouttes d'essence de lavande dans votre couleur pour qu'elle ne sèche pas trop vite. Vous éviterez ainsi les traces de reprise de couleur.

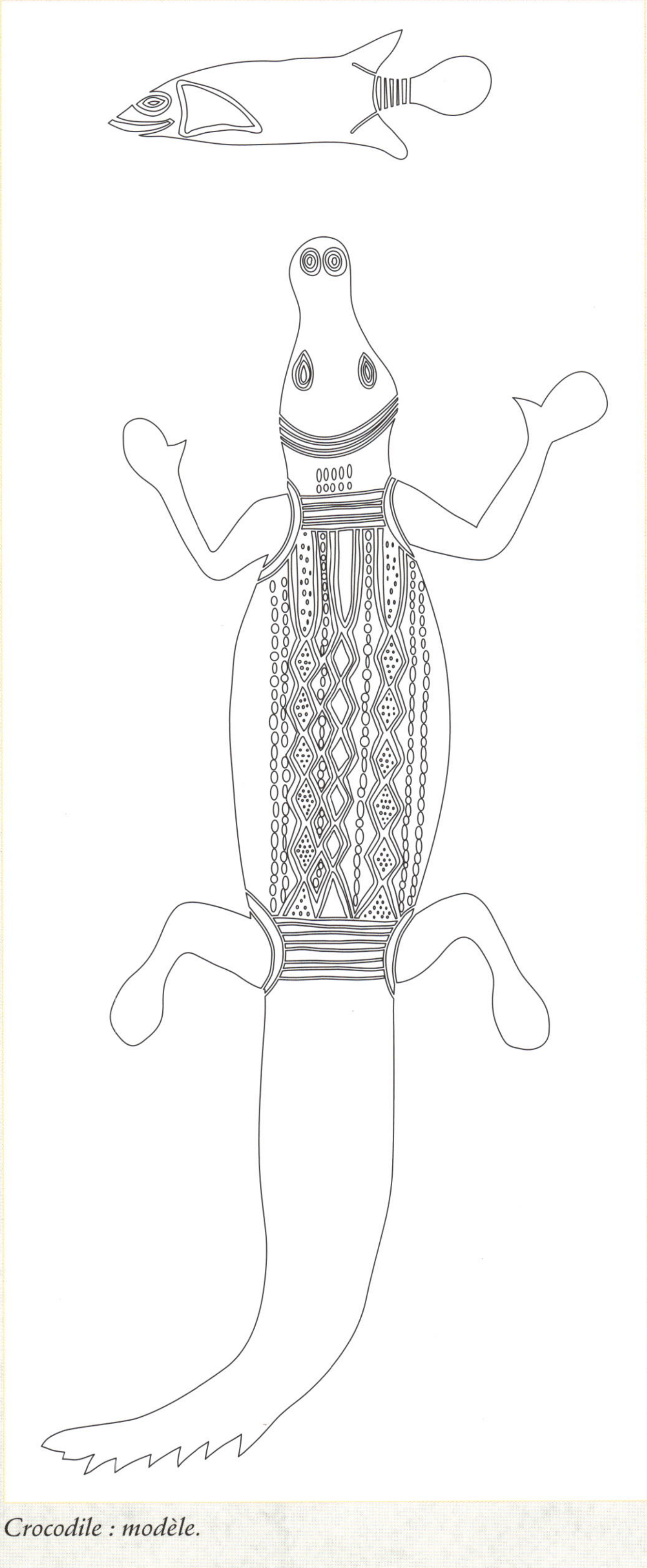

Crocodile : modèle.

Crocodile : mise en couleur.

Sterne : mise en couleur.

Pour réaliser cette sterne, vous aurez besoin d'un pinceau souple n° 6, d'un pinceau série 6222 n° 1, d'un pinceau série 6229 n° 2 pour l'œil, le bec et les pattes de l'oiseau, d'une éponge cylindrique, de ruban adhésif à porcelaine et de ruban adhésif de carrossier. Pour les couleurs : de noir, de rouge capucine, de brun, de blanc, de gris-beige, de gris-bleu pour la mer et de gris foncé pour le filet.
Décalquez le dessin de la page 56, centrez-le dans le cendrier en suivant les conseils de la page 26, reportez-le.
Placez le bec, les yeux, puis peignez autour la forme de l'oiseau. Putoisez le corps avec du blanc, du gris-beige, de brun.
Peignez ensuite le rocher.
Pour le fond, préparez un brun très clair. Délimitez la zone à peindre avec de l'adhésif et putoisez le fond.
Faites cuire.
Repiquez ensuite les plumes avec le noir et le rouge capucine. Étendez le gris-bleu pour figurer la mer au pied du rocher.
Enfin, délimitez le filet à l'aide de ruban adhésif de carrossier. Peignez-le en gris foncé.

Cendrier à l'oiseau marin

Posée sur un rocher au beau milieu de la mer, cette sterne semble prête à s'envoler !

Sterne : modèle.

L'oiseau de la page ci-contre est un fou de Bassan. Pour le peindre, suivez les conseils de la page 54. Vous pourrez aussi employer les mêmes coloris que ceux préconisés pour la sterne. À moins que votre imagination ne vous en suggère d'autres.

Fou de Bassan : modèle.

Fou de Bassan : mise en couleur.

Pour peindre les plumes, vous aurez besoin d'une brosse en mangouste, d'un pinceau série 6222 n° 1, ainsi que des couleurs brun clair, brun noisette, brun-vert, pourpre-brun et de l'or à 24 %.
Pour peindre les plumes, utilisez la brosse en mangouste et reportez-vous page 32.
Si vous souhaitez réaliser, comme sur le modèle photographié ci-contre, des pois en or, commencez par le centre, puis élargissez-en le cercle jusqu'au diamètre voulu. Placez-les en respectant une certaine régularité dans leur espacement. Cet objet ne nécessite qu'une seule cuisson.

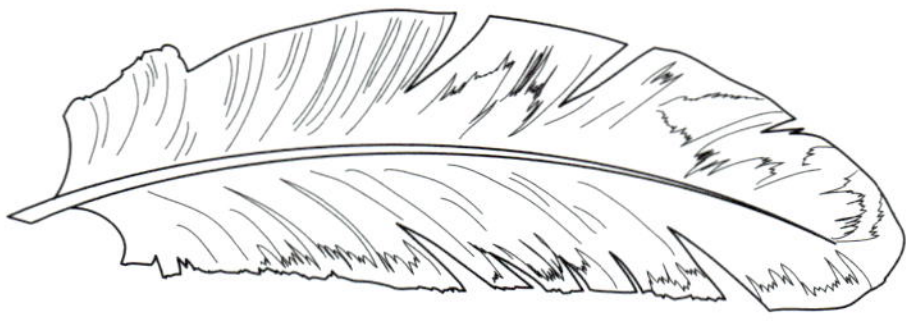

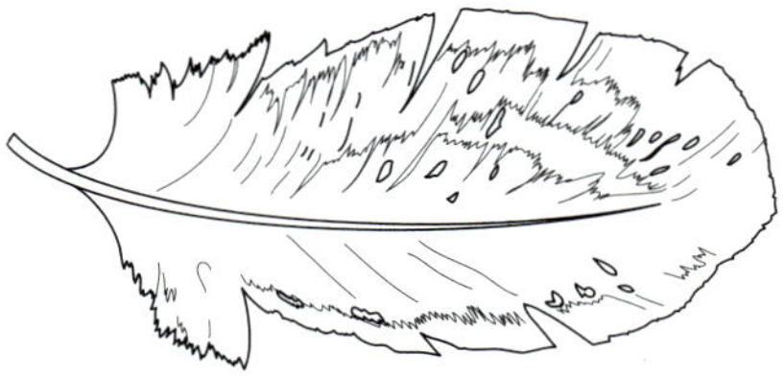

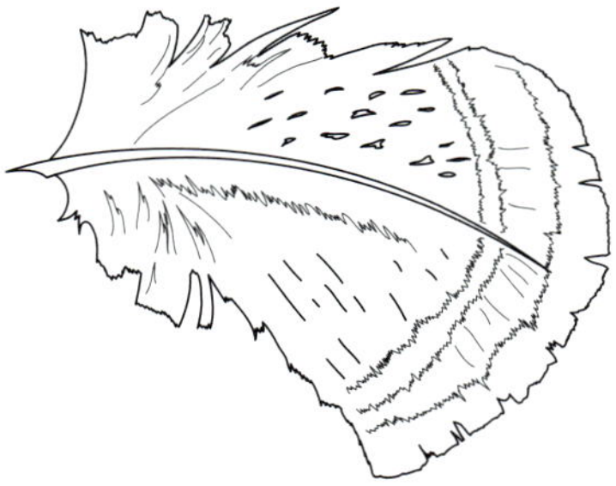

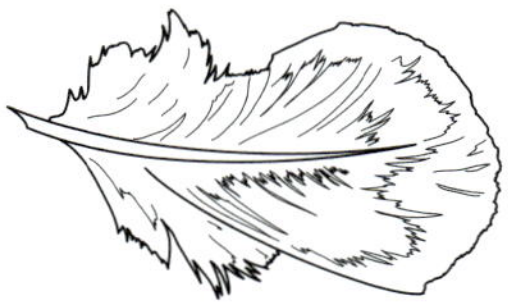

Les modèles de plumes proposés ici peuvent être décalqués ou recopiés, selon votre adresse. Reportez-vous à la page 32 pour les explications détaillées de la peinture des plumes d'oiseaux.

Beurrier aux plumes

Sur cette cloche en porcelaine blanche, des plumes toutes légères se sont posées.

Pour peindre un monogramme sur cette tasse à thé gris-bleu, il vous faudra du ruban adhésif pour porcelaine, une queue-de-morue, une éponge cylindrique, un pinceau pour l'or ainsi qu'un mélange de couleurs composé de bleu Nil et de gris-vert et de l'or à 24 %.
Délimitez le carré à mettre en réserve avec du ruban adhésif. Étalez la couleur sur le fond, putoisez à l'éponge. Retirez le ruban adhésif et faites cuire.
Décalquez le motif, reportez-le puis posez l'à-plat d'or sur le monogramme et sur l'anse. Faites une cuisson à 800 °C. Réalisez ensuite le filet d'or sur la peinture grise.
Procédez à la troisième cuisson à 730 °C car l'or posé sur une couleur doit être cuit à des températures plus basses que s'il est posé sur un fond blanc.

TASSE À THÉ

La façon la plus raffinée de personnaliser un service à thé est de lui imprimer votre monogramme en lettres d'or.

G

H

I

J

K

L

M

N

O

P

Q

R

S

T

U

V

W

X

Les monogrammes reproduits sur les pages précédentes peuvent aussi bien être peints dans des coloris différents de l'or. Vous pourrez par exemple peindre la lettre d'une couleur et réaliser les fruits ou végétaux qui l'entourent dans des coloris différents. Pour ce qui est de la série de monogrammes des pages suivantes, elle est d'un style beaucoup plus épuré, inspiré de motifs celtiques.

Décalquez-les selon la méthode du calque ombré au crayon à porcelaine afin de conserver tous les détails (voir page 25). N'oubliez pas de centrer votre motif à l'aide d'un compas Bergouin. C'est le style de monogramme que vous pourrez peindre en platine (voir page 23). Selon votre inspiration, il sera toujours possible de combiner un type de lettres avec un ornement provenant d'un autre motif.

j

k

l

m

n

o

p

q

r

s

t

u

v

w

x

y

z

Pour réaliser une théière du même style que celle photographiée à droite, vous aurez besoin d'un pinceau à étendre, d'une éponge cylindrique et de la couleur vert Véronèse pour faire la couleur du fond.
Pour les fleurs, il vous faudra des pinceaux série 6229 du n° 1 au n° 6, un pinceau série 6222 n° 1, ainsi que les couleurs rose, pourpre rubis, jaune bouton-d'or, rouge capucine, bleu de cobalt, vert-jaune, vert Empire et vert-noir. Ces couleurs sont d'ailleurs valables pour l'ensemble des motifs donnés sur la double page suivante.
Posez du vernis à réserver sur toutes les parties devant rester vierges. Réalisez le fond en étalant la couleur verte, putoisez à l'aide de l'éponge. Procédez à la première cuisson en ayant eu soin de retirer le vernis à réserver.
Peignez ensuite les motifs floraux avec la technique des touches (voir pages 30 et 31). Après une deuxième cuisson, repiquez les fleurs pour leur donner leur volume. Posez l'or sur les parties blanches, le bec et l'anse. Faites cuire. Posez les dernières touches d'or sur les parties peintes en vert. Procédez à la dernière cuisson.

Modèle.

Mise en couleur.

Un autre motif central vous est proposé sur la double page suivante. Vous y trouverez également des propositions de motifs plus petits pour le couvercle. Ces motifs peuvent aussi être employés pour peindre des tasses.

Théière fleurie

Fleurs et boutons de rose forment
un charmant bouquet
dans ces médaillons cerclés d'or.

Modèles.

Mise en couleur.

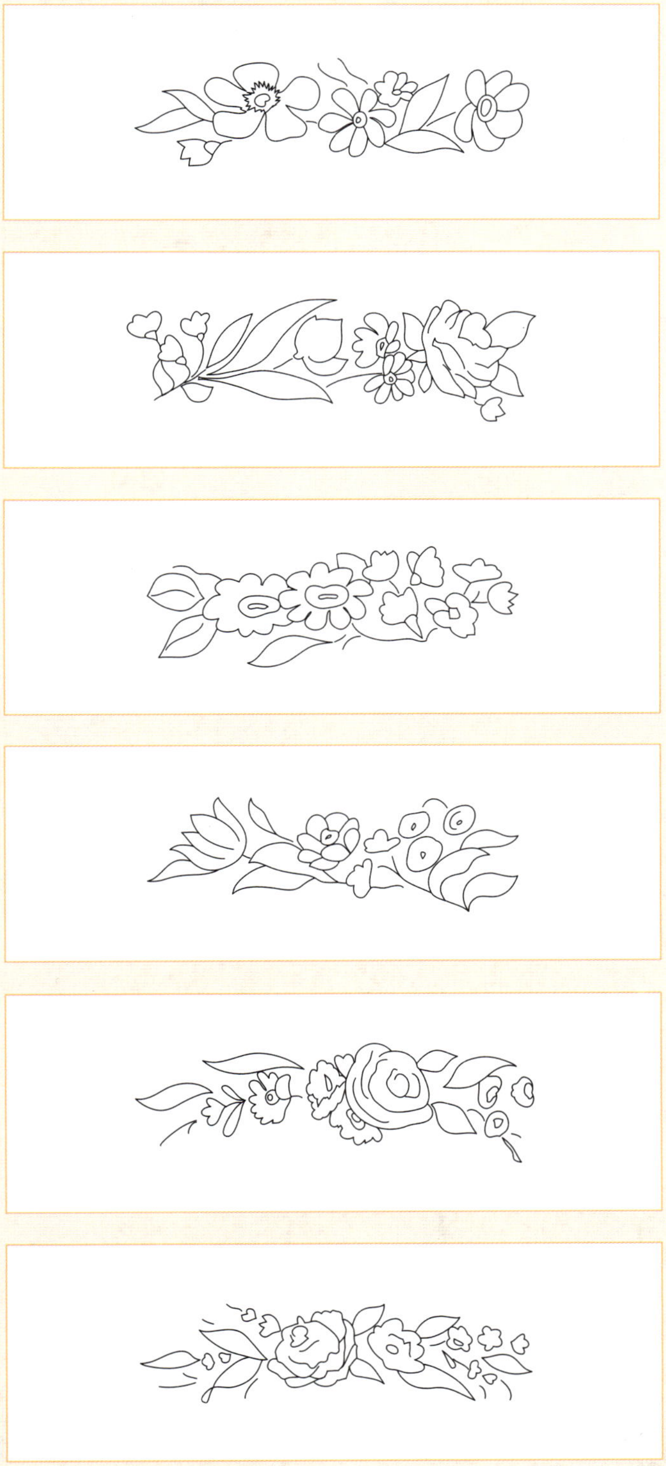

Modèles.

Mise en couleur.

Âne : mise en couleur.

Pour réaliser un motif en grisaille, vous aurez besoin de pinceaux souples n° 6 et n° 4, d'un pinceau long et fin série 6222 n° 1, d'un pinceau 6229 n° 1 et de la couleur grise ainsi que d'une pointe de couleur sépia.
Décalquez très finement le dessin en noir et blanc qui se trouve sur la page 74. N'utilisez pas de carbone gras pour le transfert mais ombrez une feuille de calque à l'aide du crayon à porcelaine. Ce calque vous servira de carbone et conservera toute sa finesse au dessin.

Préparez la couleur grise en choisissant un médium neuf afin que le mélange ne soit pas trop gras. Ajoutez une pointe de sépia pour réchauffer le gris.
Commencez par les détails les plus précis avec les pinceaux séries 6222 et 6229 n° 1. Posez la couleur sur les formes avec les pinceaux souples en respectant les ombres et les parties plus éclairées du dessin. Faites cuire.
À l'aide des pinceaux fins, procédez au repiquage des détails du dessin pour rehausser les contrastes.

VIDE-POCHE ÂNE

Un décor monochrome subtil fait d'ombre, de lumière et de détails repiqués raffine cette coupelle élégante.

Âne : modèle.

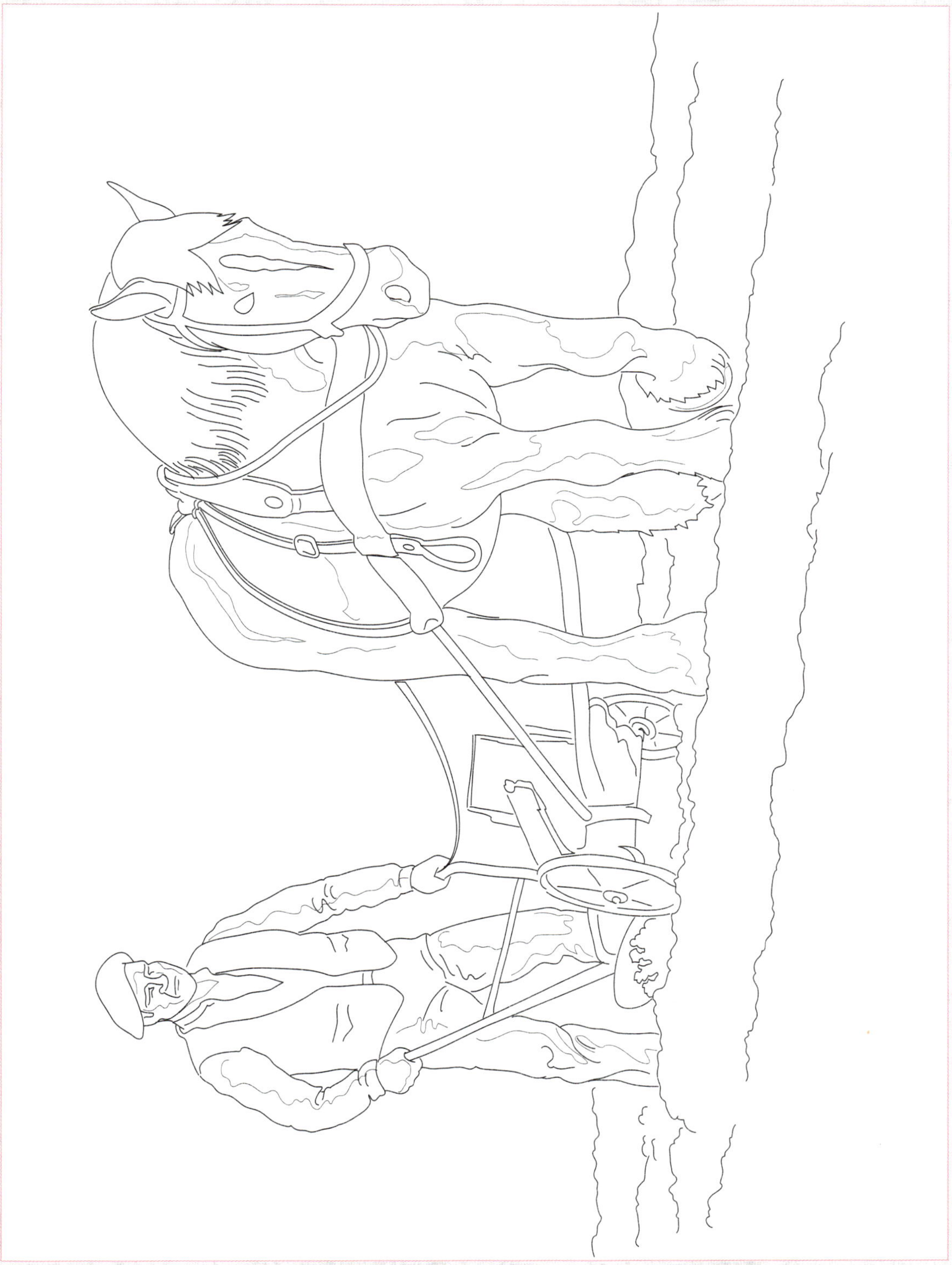

Cheval au labour : modèle.

COQUILLAGES

Pour peindre ce plat aux coquillages, vous aurez besoin d'un pinceau souple, d'un pinceau long et fin série 6222, d'une éponge et des couleurs sépia, brun noisette, noir, blanc-gris et rouge Pompadour. Décalquez les motifs. Étalez les couleurs sépia et brun noisette avec le pinceau souple. Putoisez les volumes à l'éponge. Ajoutez les détails avec un pinceau long et fin, en le chargeant tour à tour de noir puis de blanc-gris. Repiquez ces détails dans le frais, c'est-à-dire sans attendre que le fond sèche. Peignez les coraux avec le pinceau souple chargé de rouge Pompadour. Posez le feston de l'aile de l'assiette en dernier au pinceau souple chargé de rouge Pompadour. Il reste un peu de blanc entre les arrondis du feston que vous obtiendrez en passant un Coton-Tige imbibé d'alcool à brûler et minutieusement essoré. Faites cuire.

Coquillages : mise en couleur.

Vous trouverez page 78 le motif en noir et blanc à décalquer. Vous pouvez aussi vous reporter page 46 pour des explications supplémentaires sur la réalisation des festons.

Plat creux aux coquillages

Coquillages de toutes formes se mêlent,
pour le plaisir des yeux,
dans des harmonies de bruns et de corail.

Coquillages : modèle.

Pour réaliser un service d'assiettes, par exemple, vous pourrez combiner des décors de coquillages en vous inspirant de ceux donnés dans ces pages, avec les oiseaux marins des pages 54 à 57.

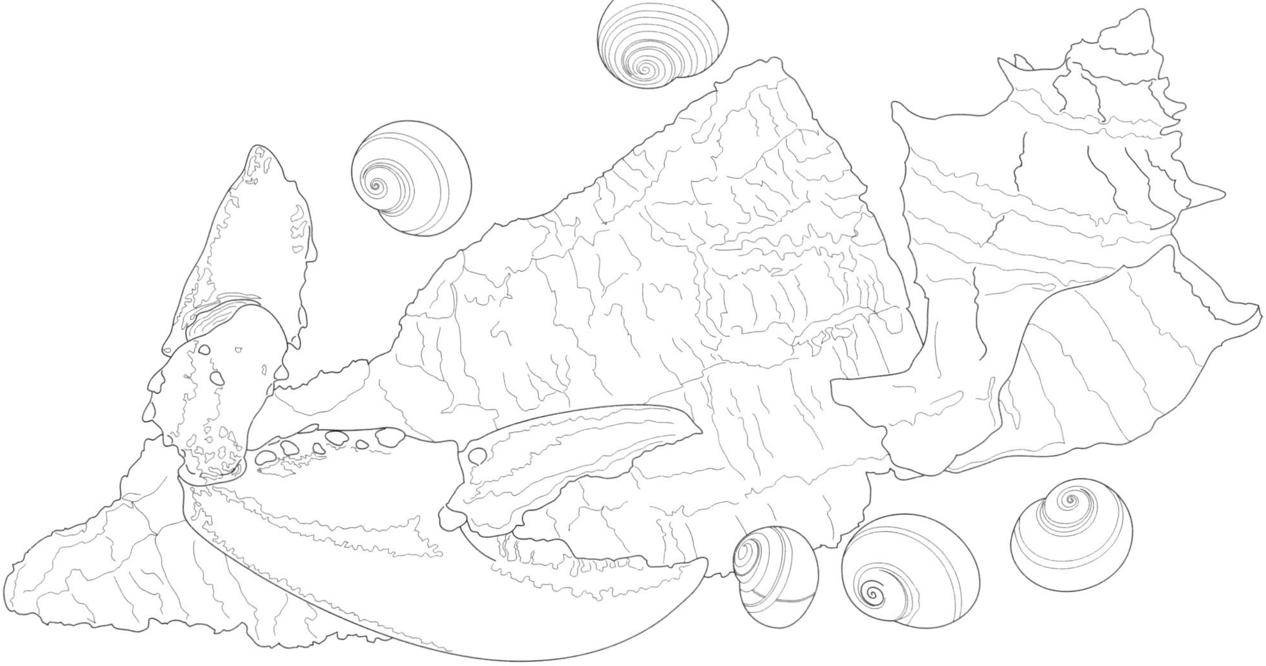

Fonds marins : modèle.

Fonds marins : mise en couleur.

VASES DE FLEURS

Vous aurez besoin d'un pinceau souple, de ruban adhésif de carrossier, de pinceaux série 6229 du n° 1 au n° 6, d'un pinceau série 6222 n° 1, d'une éponge cylindrique, ainsi que des couleurs bleu marine, jaune bouton-d'or, vert-jaune, vert Empire, rose magnolia, pourpre rubis, rouge capucine et brun noisette.

Prenez huit repères sur le périmètre de l'assiette, quatre pour les bandes, quatre pour les vases de fleurs (voir pages 92 et 93, l'utilisation de la grille de division). Décalquez puis reportez les vases de fleurs, notez que les vases sont semblables mais les bouquets tous différents. Les vases sont putoisés à l'éponge fine, leurs anses ressortant en brun noisette. Les fleurs sont réalisées à l'aide de touches un peu naïves posées au pinceau souple. Réalisez les bandes bleues et jaunes à l'aide d'adhésif de carrossier ou à l'aide de la grille de division. Les jaunes seront peintes après la cuisson des parties bleues et des bouquets.

Modèle.

Mise en couleur.

Vous trouverez les autres motifs sur la double page suivante, ainsi qu'une série de modèles de vases qui vous permettront de réaliser une autre assiette dans le même esprit.

Assiette de présentation

Ce décor moderne fait de fleurs stylisées vous séduira sans doute. En plus, il est facile à recopier partout !

Modèles.

Mise en couleur.

Tulipe au papillon : modèle.

PLAT À LA TULIPE

Fleur et papillon se sont donné rendez-vous sur ce plat, le décorant des couleurs toniques du printemps.

Tulipe au papillon : mise en couleur.

Pour peindre le modèle de tulipe ci-contre, vous aurez besoin d'un pinceau série 6229 n° 6, d'un pinceau série 6222 n° 1, d'un pinceau souple et, pour les feuilles, d'un pinceau série 6222 n° 5, des couleurs jaune bouton-d'or, rouge capucine, brun-rouge, ainsi que de vert clair, vert moyen et vert sombre pour les feuilles. Commencez la peinture par les pétales de l'arrière-plan en chargeant le corps du pinceau en jaune et le bout du pinceau en rouge capucine. Ombrez les zones rouge capucine avec du brun-rouge. Éliminez ensuite à l'aide d'alcool à brûler les zones de recouvrement entre l'arrière-plan et les éléments du premier plan. Peignez ensuite les pétales du premier plan, en suivant le sens organique de la plante, du haut du pétale vers le cœur de la fleur. Repiquez dans le frais les stries de la couleur (choisissez un jaune et un rouge compatible afin qu'ils ne se s'annihilent pas à la cuisson). Les feuilles se font au pinceau long qui permet une charge de peinture suffisante pour peindre chaque feuille de haut en bas sans lever la main. Finissez par le semis de feuilles du fond et le papillon que vous peindrez avec du jaune bouton-d'or, du noir et un brun-vert utilisé en glacis très transparent pour le fond des ailes. Faites cuire. Repiquez ensuite les endroits qui vous paraissent manquer de relief.

Vous pourrez varier les tons des tulipes ; un autre modèle se trouve sur la double page suivante. Mais vous pourrez aussi faire des variantes en peignant des papillons différents sur chaque assiette.

Tulipe frisée : modèle.

Tulipe frisée : mise en couleur.

Ces motifs vous serviront à réaliser de petits raviers comme ceux qui sont présentés page 5.

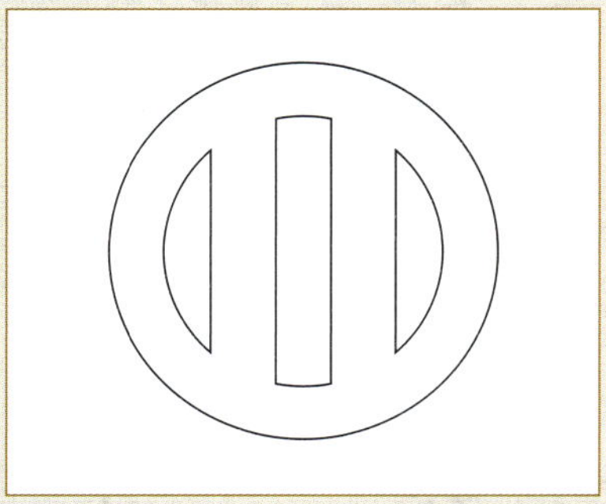

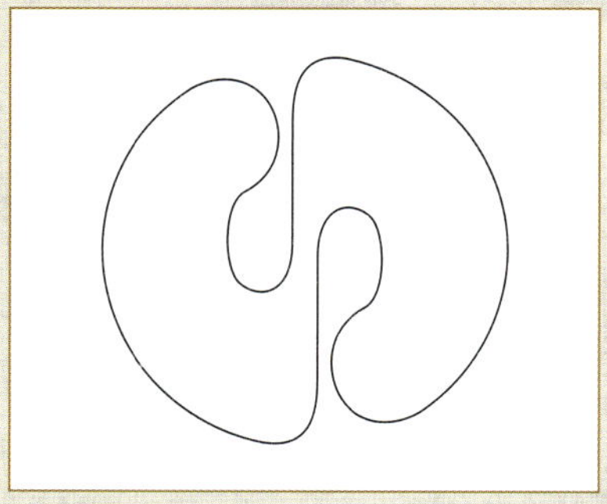

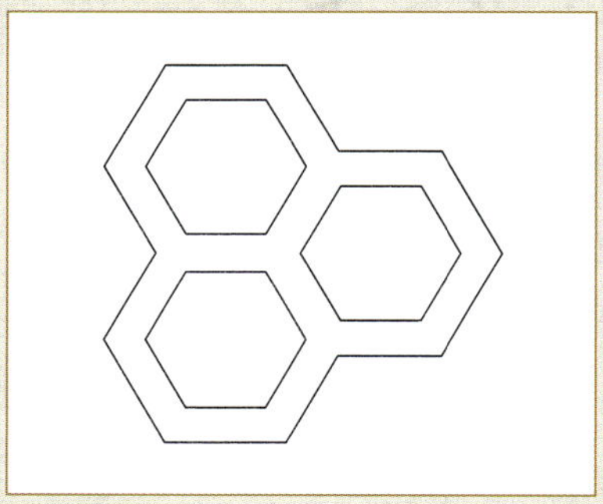

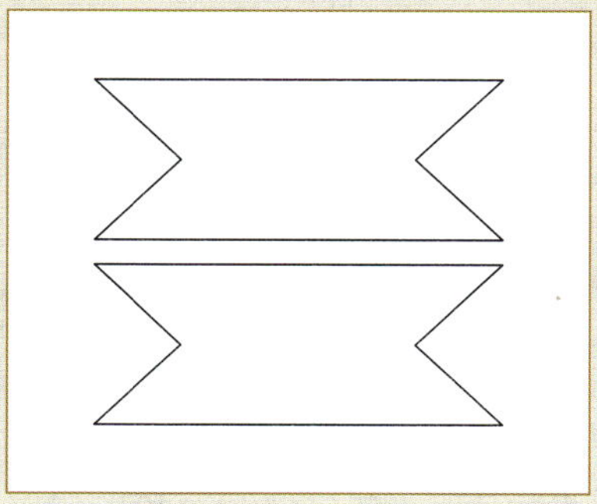

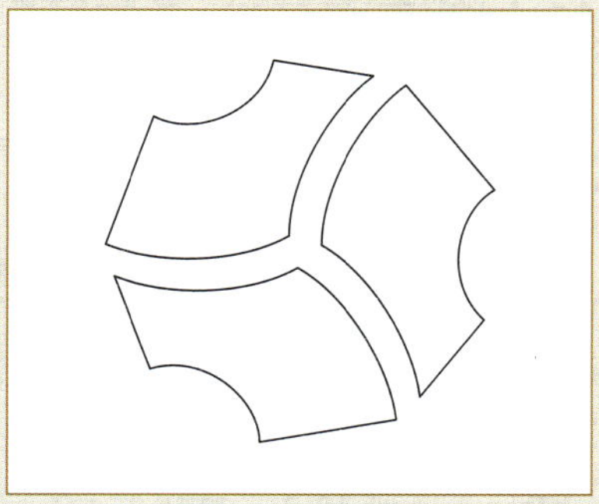

Pour peindre les raviers, vous aurez besoin d'une queue-de-morue, d'une éponge cylindrique, d'un compas Bergouin (voir page 26), d'un pinceau à filer et des couleurs rouge Pompadour et gris-beige ainsi que d'or à 24 %.
Étalez la couleur de fond, rouge pour l'un, gris pour l'autre, à l'aide d'une queue-de-morue. Putoisez uniformément l'ensemble, intérieur et extérieur. Procédez à une première cuisson.
Isolez à l'aide de ruban adhésif un godron sur deux (ce sont les parties arrondies du bord du ravier). Sur ceux restés libres, appliquez la technique de l'or craquelé (voir page 22).
Repérez le centre de chaque ravier à l'aide du compas Bergouin. Reportez le motif à l'aide d'un carbone clair, posez un à-plat d'or.
Peignez enfin un filet d'or sur la tranche du ravier à l'aide du pinceau à filer.

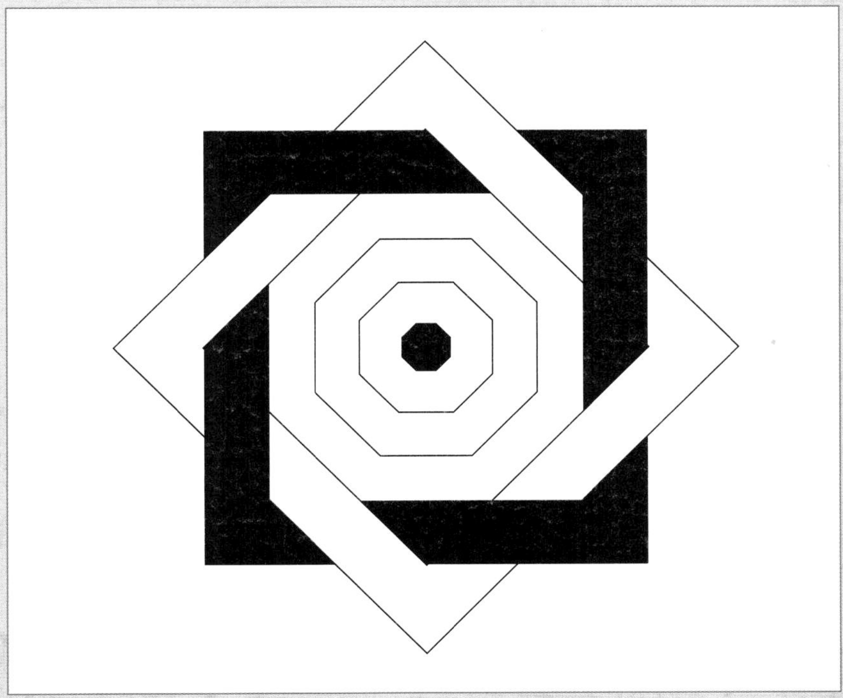

UTILISATION DE LA GRILLE DE DIVISION

Cette grille permet de diviser n'importe quel objet circulaire (assiette, soucoupe, tasse, plat...) en parties égales. Avant de vous servir de cette grille, agrandissez-la à la photocopieuse au taux de 150 %.

Pour partager, par exemple, une assiette en cinq zones égales, posez-la à l'envers sur la grille. Centrez correctement l'assiette en la positionnant sur l'un des cercles concentriques. Repérez maintenant tous les chiffres 5 figurant sur les rayons tracés. Avec le crayon à porcelaine, prenez des repères à chaque chiffre 5 rencontré (1), votre assiette sera partagée en cinq parties égales. Vous pouvez ainsi diviser votre assiette en des morceaux égaux, de trois à douze. Retournez l'assiette puis reportez vos repères à l'endroit pour positionner vos décors.

1
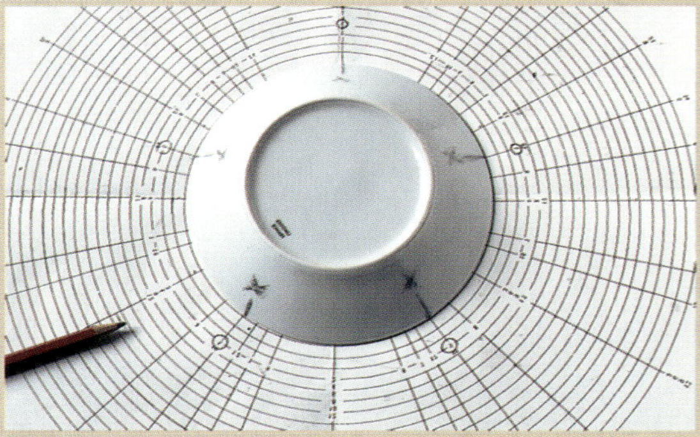

Si vous voulez délimiter des bandes identiques à égale distance les unes des autres, par exemple cinq bandes de couleurs de 4 centimètres de large, posez l'assiette à l'envers sur la grille comme précédemment. Prenez vos repères en cochant tous les chiffres 5. Faites maintenant pivoter l'assiette dans le sens des aiguilles d'une montre. Tournez-la en respectant la largeur de la bande que vous désirez peindre : ici, l'assiette a été déplacée de 4 centimètres. Maintenez toujours l'assiette sur la grille puis posez à nouveau des repères au crayon à porcelaine chaque fois que vous rencontrez le chiffre 5 sur les rayons. Hachurez chaque zone ainsi délimitée (2). Retournez l'assiette et reportez vos marques à l'endroit pour créer vos décors.
Pour protéger les zones qui ne seront pas peintes et pour vous assurer que les bords de bande seront irréprochables, posez de l'adhésif pour porcelaine très soigneusement le long de vos traits de repère (3).
Il vous simplifiera grandement le travail de peinture.

2

3

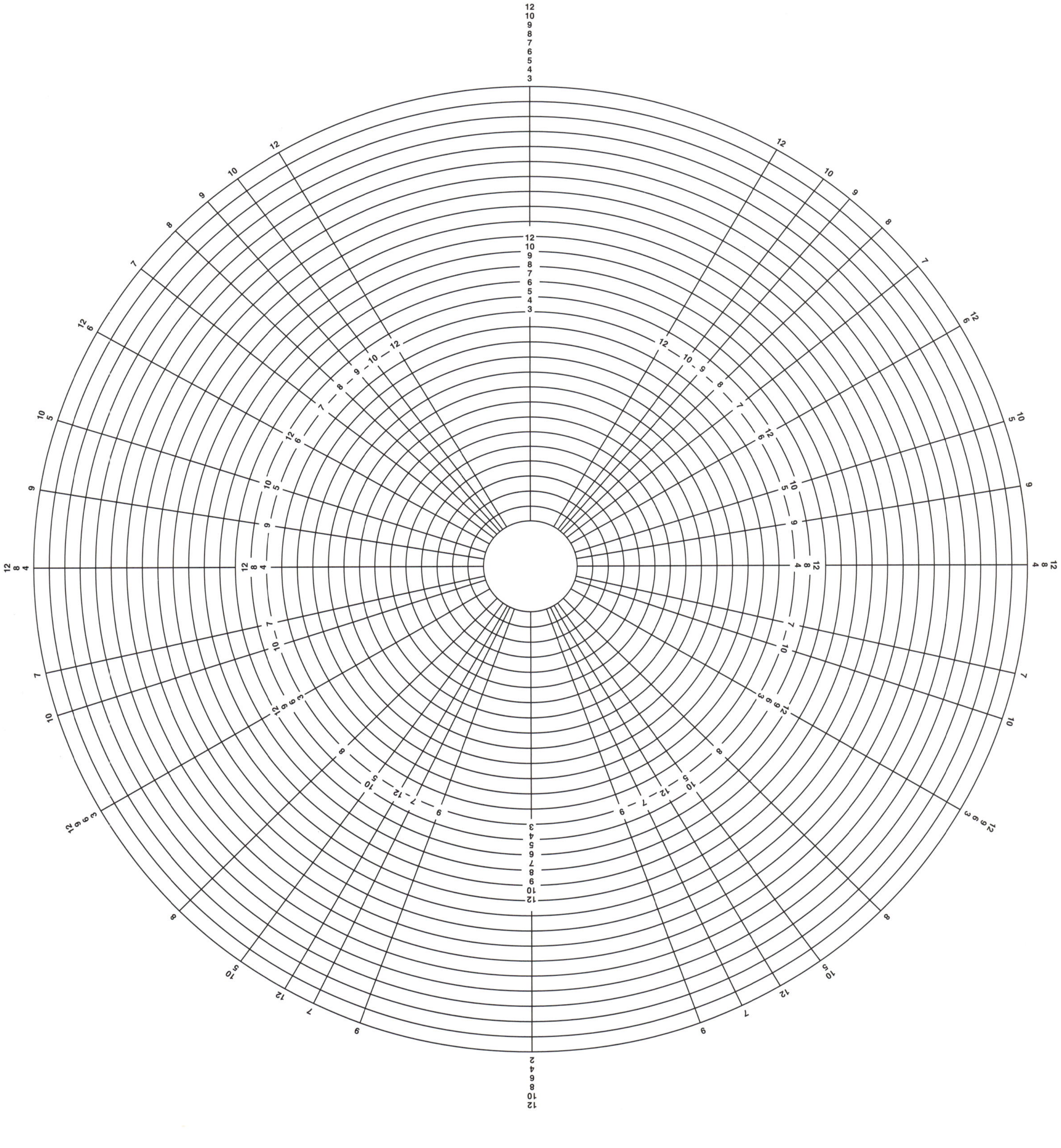

La porcelaine se cuit dans des fours à céramique. Ils sont généralement électriques (il en existe à gaz, mais il ne sont pas très utilisés par les peintres amateurs), leur contenance variant de 20 à 220 litres. Vous avez le choix entre deux formes, les fours cylindriques à ouverture sur le dessus, permettant un enfournement vertical, les fours cubiques à ouverture frontale et enfournement horizontal. Ils montent à des températures importantes, plus de 1 280 °C, et sont équipés de systèmes de sécurité qui ne permettent l'ouverture qu'après complet refroidissement : entre l'élévation de température et le complet refroidissement, il se passe 14 heures environ. Ces hautes températures sont nécessaires à la vitrification des couleurs pour porcelaine, révélant leur éclat et leur véritable tonalité.

CHOIX D'UN FOUR ET PRÉCAUTIONS À PRENDRE

Le prix d'un four varie de 8 000 à 40 000 francs, c'est pourquoi il est préférable d'attendre que votre production justifie cet investissement.

■ Pour débuter, vous pourrez faire cuire vos œuvres chez un professeur de peinture sur porcelaine, ou même trouver des adresses en vous renseignant chez les fournisseurs de matériel et de peinture pour porcelaine.

■ Si vous optez pour l'achat d'un four, préférez un modèle à enfournement vertical qui vous offre une excellente visibilité lors de l'enfournement ; une contenance de 30 à 40 litres est en général suffisante pour un peintre amateur. Cette contenance donne un four de 30 centimètres sur 40 centimètres environ. Ces dimensions permettent la cuisson de la plupart des objets courants. Si vous envisagez la peinture d'un très grand vase ou d'un pied de lampe, cherchez l'adresse d'un professionnel dans votre région qui possédera un four de grandes dimensions. Un four est relativement encombrant, c'est pourquoi il peut être avantageux de choisir un modèle sur roulettes qui permet un rangement facile : lorsqu'il ne sert pas, vous escamotez le four sous un établi, sous une table.

■ Lorsque vous procédez à une cuisson, il se produit un dégagement toxique ; placez donc le four dans une pièce correctement ventilée, même sous une fenêtre que vous ouvrirez systématiquement pendant la marche du four. Si vous n'avez pas cette possibilité, il existe des extracteurs fonctionnant sur le même système que les hottes de cuisine qui se fixent au-dessus du four. Les fours disposent d'un thermostat afin de régler la température de cuisson de chaque couleur.

La température utilisée tourne toujours autour de 800 °C, mais de légères différences existent pour la cuisson de certains coloris.

CUISSON

L'or, par exemple, cuit à 700 °C lorsqu'il est appliqué sur un fond de couleur et à 800 °C lorsqu'il est appliqué sur un fond de porcelaine blanche.
La plupart des rouges cuisent à 780 °C, les verts et les jaunes à 820 °C, enfin les bleus et les pourpres cuisent à 840 °C.
C'est pourquoi la cuisson des porcelaines demande un certain savoir-faire.
L'organisation de votre travail doit tenir compte de ces différentes températures de cuisson en respectant le principe des températures dégressives.

- Posez en premier lieu les couleurs qui cuisent aux plus hautes températures, les bleus et les pourpres à 840 °C.
Puis posez ensuite les verts, les jaunes, l'or s'il est sur fond de porcelaine blanche, et enfin les rouges.
- Les pièces ne doivent pas se toucher entre elles et ne doivent pas non plus toucher les côtés du four.
- Pour superposer les objets dans le four, on utilise des petits supports d'enfournement, sortes de trépieds également appelés pieds de coq, que l'on dispose entre chaque assiette, par exemple, pour que l'air chaud puisse circuler dans le four.
- Disposez les supports de cuisson de façon qu'ils ne touchent pas une partie peinte de l'assiette.
Si toute l'assiette est peinte, posez-la sur le dessus. Vous pouvez ainsi superposer trois grandes assiettes plus une soucoupe, ou quatre assiettes à dessert plus une soucoupe, c'est une question de poids.
Sachez aussi que plus la pièce à cuire est plate, plus elle aura tendance à casser à la cuisson.
- Après la cuisson, si vous n'êtes pas satisfait d'une couleur, repassez une couche de couleur avant de recommencer la cuisson.
Certains fonds peuvent rester ternes, surtout les bleus s'ils sont cuits à une température trop basse. Dans ce cas, ajoutez un peu de fondant (voir page 12) à la couleur et refaites une cuisson.
Si la peinture a craqué à la cuisson, c'est qu'elle a été appliquée en couche trop épaisse. Cet incident n'est pas facilement réparable !
Si un motif s'est affadi à la cuisson, n'hésitez pas à le reprendre, à foncer les ombres, à retoucher les traits pour les affirmer avant de faire recuire l'objet.

ADRESSES

Vous trouverez toutes les fournitures pour la peinture sur porcelaine
aux adresses suivantes :

ROUGIER & PLÉ
13/15, boulevard des Filles-du-Calvaire - 75003 PARIS
Tél. : 01 44 54 81 00 - Fax : 01 42 76 03 90

ROUGIER & PLÉ LONGJUMEAU-CHAMPLAN
ZAC des Clotais - 91160 CHAMPLAN
Tél. : 01 64 48 92 92 - Fax : 01 64 48 51 92

Service de vente par correspondance
BP 492, 91164 LONGJUMEAU Cedex
Tél. : 01 64 54 70 00 - Fax : 01 69 09 97 97

Vous pouvez aussi consulter le site Internet :
http/www.rougieret ple.fr

ou le Minitel : 3615 ROUGIER & PLE (2,23 F la minute).

CRAFTICA
8, rue Ducastel - 78100 SAINT-GERMAIN-EN-LAYE
Tél. : 01 30 61 05 09 - Fax : 01 30 61 05 55
Expéditions dans toute la France. Catalogue sur demande.

STÉ CÉRADEL
111, rue de Crimée - 75019 PARIS
Tél. : 01 42 41 38 67 - Fax : 01 42 41 44 08

DÉCOR 2 M
68, rue Crillon - 69006 LYON
Tél. et fax : 04 78 89 54 40

SCHIRA
25, rue de Bourg - CH-1003 LAUSANNE
Tél. : 312 71 34

Alice KLEELI
42, avenue de Bourg - CH-1006 LAUSANNE
Tél. : 617 63 90

Nous tenons à remercier Mabela Silvela et Béatrice de La Bourdonnaye.